党 的 十 九 大 精 神 学 习 辅 导 重 点 图 书

新时代行动纲领

新时代 · 新思想 · 新目标 · 新征程

陈 坚◎编著

中国言实出版社

图书在版编目（CIP）数据

　　新时代行动纲领/陈坚编著 . -- 北京：中国言实
出版社，2017.11
　　ISBN 978-7-5171-2476-4

　　Ⅰ . ①新　Ⅱ . ①陈　Ⅲ . ①中国特色社会主义—社
会主义建设模式—研究 Ⅳ . ① D616

　　中国版本图书馆 CIP 数据核字（2017）第 274785 号

出 版 人　　王昕朋
总 监 制　　朱艳华
责任编辑　　张　丽
　　　　　　胡　明
责任印制　　佟贵兆
封面设计　　锦　瑟

出版发行　　**中国言实出版社**
　　　　　　地　　址：北京市朝阳区北苑路 180 号加利大厦 5 号楼 105 室
　　　　　　邮　　编：100101
　　　　　　编辑部：北京市海淀区北太平庄路甲 1 号
　　　　　　邮　　编：100088
　　　　　　电　　话：64924853（总编室）64924716（发行部）
　　　　　　网　　址：www.zgyscbs.cn
　　　　　　E-mail：zgyscbs@263.net
经　　销　　新华书店
印　　刷　　北京温林源印刷有限公司
版　　次　　2017 年 11 月第 1 版　　2017 年 11 月第 1 次印刷
规　　格　　710 毫米 ×1000 毫米　　1/16　　13 印张
字　　数　　200 千字
定　　价　　48.00 元　　ISBN 978-7-5171-2476-4

目 录

六、新征程：新时代"两步走"发展战略

七、新理念：新时代贯彻新发展理念

八、新气象：新时代社会主义民主政治发展

九、新文化：新时代社会主义文化繁荣兴盛

一、新方位：中国特色社会主义进入新时代

在党的十九大报告中，习近平总书记深刻指出："改革开放之初，我们党发出了走自己的路、建设中国特色社会主义的伟大号召。从那时以来，我们党团结带领全国各族人民不懈奋斗，推动我国经济实力、科技实力、国防实力、综合国力进入世界前列，推动我国国际地位实现前所未有的提升，党的面貌、国家的面貌、人民的面貌、军队的面貌、中华民族的面貌发生了前所未有的变化，中华民族正以崭新姿态屹立于世界的东方。经过长期努力，中国特色社会主义进入了新时代，这是我国发展新的历史方位。"这里明确地提出中国特色社会主义进入新时代的新判断，标志着我国发展所处历史方位发生重大变化。

为什么说中国特色社会主义进入新时代？如何理解中国特色社会主义进入新时代？这里不妨从中国特色社会主义发展历程的视角，观察和理解这个新时代到来的必然性及其基本内涵与特征。

（一）对中国特色社会主义道路的初步探索

回顾近代历史，考察世界变化，可以看到西方资本主义强国的发展大多是以对内剥削、对外掠夺来实现的。少数发展中国家走资本主义道路虽然在某个时期实现了经济快速增长，但出现了严重的两极分化，以及社会矛盾加剧、生态环境恶化等严重问题。对于中国这样一个经济文化落后的东方大国来说，这两条发展道路都走不通。要改变旧中国积贫积弱、内忧外患的悲惨命运，实现民族振兴、国家富强，增进人民福祉，没有现成的模式可以参照，只能探索新路。

从太平天国运动、洋务运动、戊戌变法到辛亥革命，农民、封建地主阶级开明派、资产阶级改良派和民族资产阶级纷纷登上历史舞台。但

由于历史和阶级的局限性，这些运动、变法和革命都没有能使中国走上富强之路。历史的教训表明，在半殖民地半封建的状态下，现代化之路是走不通的，照搬西方资本主义的道路也是走不通的。20世纪初，俄国十月革命向中国人民展示了一条实现民族独立和人民解放，通过社会主义独立自主地建设现代化的全新道路，中国的先进分子在黑暗中看到了光明和希望。中国共产党的诞生开启了中国道路。中国从此有了核心的领导力量，有了明确的奋斗方向，中国历史的发展，从此发生了新的转折，开辟了新的纪元。

经过28年的艰苦奋斗，以毛泽东为主要代表的中国共产党人创造性地运用马克思主义解决中国的问题，深入研究中国国情和中国革命的特点，开创了一条由新民主主义通向社会主义的革命道路，实现了民族独立和人民解放，建立了新的人民民主政权和中华人民共和国。这标志着彻底结束了旧中国半殖民地半封建社会的历史，彻底结束了旧中国一盘散沙的局面，彻底废除了列强强加给中国的不平等条约和帝国主义在中国的一切特权，实现了中国从几千年封建专制政治向人民民主的伟大飞跃。

从中华人民共和国成立到社会主义改造基本完成，是我国从新民主主义到社会主义的过渡时期。在毛泽东提出的过渡时期总路线的指引下，中国共产党通过开辟适合中国特色的社会主义改造道路，胜利完成了对农业、手工业和资本主义工商业的社会主义改造，建立了社会主义制度。随着我国进入社会主义社会，如何探索一条适合我国国情的社会主义建设道路突出地摆在全党面前。无论是革命还是建设，毛泽东一贯主张独立探索，反对照抄照搬外国经验。但是，在新中国成立初期我们缺乏建设经验的情况下，他还是主张学习第一个社会主义国家苏联的经验。因此，我国的制度、体制和政策，都有不少苏联模式的烙印。到20世纪50年代中期，苏联自己"揭开了盖子"，我们在实践中也感到苏联的某些经验并不好。在这种情况下，毛泽东经过慎重思考，提出要"以苏为鉴"，独立探索一条有别于苏联模式、适合中国国情的社会主义建设道路。

《论十大关系》和《关于正确处理人民内部矛盾的问题》被称为是中国共产党独立探索中国社会主义建设道路的光辉文献。其中，《论十大关系》是毛泽东在1956年听取国务院有关部门汇报基础上形成的，十大关系就是和苏联模式的十个不同。《关于正确处理人民内部矛盾的问题》是毛泽东于1957年2月在最高国务会议上的讲话。在这篇讲话中，他从哲学世界观的高度即矛盾论的高度认识什么是社会主义社会。这两次讲话，标志着毛泽东对中国社会主义建设道路的探索开始形成一个初步的但比较系统的思路。1956年召开的党的八大，正确地分析了中国社会主义的主要矛盾，指出已不是阶级斗争，而是"人民对于经济文化迅速发展的需要同当前经济文化不能满足人民需要的状况之间的矛盾"，明确提出党和国家的主要任务是"保护和发展生产力"。在毛泽东的两个讲话和八大精神的指引下，中国共产党进行了长达20年的社会主义建设道路的艰辛探索。

社会主义制度在中国确立后，中国共产党对社会主义建设道路的探索取得了历史性的成就。这种历史性成就突出地表现在两个方面。

1. 为中国特色社会主义的开创奠定了物质基础

建立了独立的比较完整的工业体系和国民经济体系，实现了低标准的社会主义工业化，能够自行生产汽车、飞机、轮船等重型装备；在全国建立了一大批国有企业，如大庆油田、攀枝花钢铁公司；兴建了大量的基础设备，包括交通、能源和农田水利设施等，修建成渝、宝成、成昆、湘黔铁路干线，建设武汉、南京长江大桥；教育、科学、文化事业有很大发展，培养了一大批各方面专业人才；科学技术有重大突破，开发了大型电子计算机，自力更生地成功发射了"两弹一星"。这些成绩的取得，初步显示了社会主义制度的优越性。正如邓小平所指出的："我们尽管犯过一些错误，但我们还是在三十年间取得了旧中国几百年、几千年所没有取得过的进步。"

2. 为中国特色社会主义的开创奠定了坚实的理论基础

（1）关于社会主义社会矛盾的理论。这是毛泽东关于中国社会主义建设道路的理论支撑，是他在社会主义时期的最大理论创造。毛泽东批判了受斯大林影响的苏联学术界长期居统治地位的社会主义社会"无冲突论"的形而上学观点，强调社会主义社会各方面都存在矛盾，矛盾才是社会主义社会发展的动力。他着重论述了如下两种矛盾：一是社会主义社会的基本矛盾。他认为仍然是生产关系和生产力、上层建筑和经济基础的矛盾，与旧社会所不同的是，两者之间又相适应又相矛盾，这就不同于斯大林的"完全适应"。这个论述极大地解放了人们的思想，为后来的改革提供了最重要的理论依据。二是关于社会主义社会两类不同性质的矛盾即敌我矛盾和人民内部矛盾。他强调要严格区分和正确处理两类不同性质的矛盾，用不同方法处理不同性质的矛盾，在革命时期大规模的疾风暴雨式的阶级斗争结束后，大量的是属于人民内部矛盾，要把正确处理人民内部矛盾作为国家政治生活的主题。

（2）关于社会主义的长期性和发展的阶段性。毛泽东通过总结我国和所有社会主义国家把社会主义社会看得很短暂，急于向共产主义过渡的经验教训，提出社会主义是一个相当长的历史阶段的论断，之后进一步提出社会主义可以划分为不发达和发达两个阶段，后一阶段更长，这个认识比较符合实际。

（3）关于中国工业化道路和现代化的目标与步骤。毛泽东提出要走出一条有别于苏联模式的中国工业化道路。一要坚持以农业为基础和以工业为主导；二要坚持沿海工业和内地工业共同发展；三要坚持国防建设必须以经济建设为基础。实现工业化，使中国从落后的农业国变为先进的工业国，这只是第一步，更高的目标是实现农业、工业、国防和科学技术的"四个现代化"。为实现"四化"，实行"两步走"的发展战略，第一步到1980年，建成一个独立的、比较完整的工业体系和国民经济体系；第二步到2000年，全面实现"四个现代化"，使我国经济走在世界前列。

（4）关于社会主义建设的重要方针。经济方面，毛泽东突破了马克思主义创始人过早取消商品生产的观点，认为社会主义社会仍有商品生产，主张大力发展商品生产和商品交换。政治方面，毛泽东强调扩大社会主义民主，加强社会主义法制建设，防止领导机关特殊化、官僚化和形成特权阶层，坚持民主集中制，"造成一个又有集中又有民主，又有纪律又有自由，又有统一意志又有个人心情舒畅、生动活泼，那样一种政治局面"。文化方面，提出"百花齐放，百家争鸣"，作为促进艺术发展和科学进步的方针，反对用行政方法管理学术，给不同学派贴政治标签。

（5）关于坚持以自力更生为主、争取外援为辅。毛泽东认为，中国是一个大国，又是一个穷国，在这样的国家建设社会主义，必须把立足点放在依靠自己力量的基础上，同时尽可能多地争取一些外援。

（6）关于实行独立自主的和平外交政策。新中国成立以后，毛泽东、周恩来为我国制定了不受资本主义也不受某个社会主义大国左右的独立自主的和平外交政策，周恩来依据列宁的两个体系和平共处的思想，进一步提出和平共处五项原则，作为不同社会制度国家相互关系的准则，为我国的现代化建设提供了良好的国际环境。

（7）关于调动一切积极因素建设社会主义。毛泽东强调要处理好中央和地方，党和非党（民主党派），国家、集体和个人，汉族和少数民族，中国和外国五个关系问题。处理好这五个关系的意义，正如毛泽东所指出的："我们一定要努力把党内党外、国内国外的一切积极的因素，直接的、间接的积极因素，全部调动起来，把我国建设成为一个强大的社会主义国家。"

（8）关于加强党的建设。中国共产党是中国社会主义事业的坚强领导核心。毛泽东指出，党执政面临的严峻考验，必须从思想理论、工作作风、密切联系群众、反对官僚主义、反对腐败和防止和平演变等各个方面加强党的自身建设。

以上八条，是毛泽东在社会主义时期的主要理论创造，也是他所构想的中国社会主义建设道路的基本框架。就后者来说，它虽然有别于苏联模式，但并没有突破苏联模式，而是在苏联模式框架内做了一些重大修补，同时由于受到来自"左"的方面的干扰和冲击，许多方面并没有成为现实。但是，这些思想认识，为后来探索中国特色社会主义道路提供了必要的理论准备。

（二）成功开辟中国特色社会主义道路

"文革"结束后，中国面临着向何处去的艰难抉择。1978年12月，以邓小平为主要代表的中国共产党人在深刻总结历史经验与教训基础上，向全世界宣告：中国打开国门，实行改革开放。从此开启了"走自己的道路，建设有中国特色的社会主义"新的历史时期，也就是走中国特色社会主义道路新的历史时期。中国特色社会主义道路，成了凝聚全党和全国各族人民的共同理想和强大动力，它的核心内涵和鲜明特点是改革开放。

邓小平作为改革开放的总设计师，以他为核心的党中央为开辟改革开放新道路作了很多宝贵的探索，推动中国特色社会主义向前发展。

第一件事，就是发动和领导真理标准大讨论，解放全党的思想。真理标准大讨论的主题是破除"两个凡是"，而最早提出"两个凡是"不符合马克思主义观点的，是邓小平1977年5月的谈话。在报刊发表《实践是检验真理的唯一标准》文章后，邓小平发表的三个讲话，1978年6月初在全军政治工作会议上的讲话、9月的"北方谈话"和年底发表的被称为十一届三中全会主题报告的《解放思想，实事求是，团结一致向前看》的讲话，对真理标准大讨论的展开，否定"两个凡是"起了决定性作用。这是一次全党和全国范围空前的马克思主义教育运动，吹响了解放思想的号角，开启了改革开放汹涌澎湃大潮的闸门。它对当代中国发展进步发生了巨大而深刻的影响——重新确立的马克思主义的思想路线，既为拨乱反正提供了强大思想武器，也为改革开放奠定了坚实思想基础；在组织路线上既成为确立以邓小平为核心的中央领导集体的巨大推动力，又提供了丰富的干部资源；在政治路线上实现了从以阶级斗争为纲到以经济建设为中心、从僵化半僵化和封闭半封闭到全面改革开放、从计划经济到社会主义市场经济的伟大历史转折，当代中国从此进入建设社会主义新的历史时期。

第二件事，就是默许和支持农村改革，实行家庭联产承包责任制。中国的改革从农村开始。十一届三中全会前，安徽、四川等省农民自发地实行与那时政策相抵牾的包产到户等，被视为"异端"。邓小平支持这样的"异端"。十一届三中全会后，中央肯定了包产到户等家庭联产承包责任制。邓小平评述这个进程时指出："农村改革的成功增加了我们的信心，我们把农村改革的经验运用到城市，进行以城市为重点的全面经济体制改革。"城市经济改革比农村经济改革复杂得多，领域更广，难度更大。但借鉴农村改革经验，无论企业改革物价改革，还是财税改革金融改革，都比较顺利。在经济体制改革的带动下，科技、教育、文化等体制，及至政治体制的改革陆续展开。这是又一场革命，邓小平将其称为中国的第二次革命，是决定中国命运的一招。如果将农村改革比喻为改变中国命运的第一棒火炬，那么它引发的全面改革就是燃遍中国的熊熊火焰。神州大地在改革浴火中获得新生。

第二件事，就是倡导兴办经济特区，推动形成全国对外开放格局。邓小平说："中国的经济开放政策，这是我提出来的。"首先是倡导兴办经济特区。1979 年 4 月，广东省委领导提出在深圳、珠海、汕头开办出口加工区建议后，邓小平指出：在你们广东划一块地出来，搞一个特区怎么样？过去陕甘宁就是特区嘛，中央没有钱，你们自己去搞，杀出一条血路来！随后，中央决定在深圳、珠海、汕头、厦门试办特区。1992年春天，邓小平在视察深圳、珠海时，对特区的巨大变化无比兴奋。他回顾历史说："对办特区，从一开始就有不同意见，担心是不是搞资本主义。深圳的建设成就，明确回答了那些有这样那样担心的人。特区姓'社'不姓'资'。"这不仅是对特区建设的肯定，也是对那些怀疑改革的人的明确回答。我国的对外开放在邓小平的指导和关怀下，继建立4个特区后，又先后将海南全岛辟为经济特区、上海浦东辟为开发区，同时开放沿海14个大中城市和长、珠、闽三角地区。1992年"南方谈话"后，新一轮开放浪潮以迅猛之势由东向西、由南向北推进。至20世纪90年代后期我国已形成对外开放全方位格局。加入世贸组织后，对外开放既"引进来"又"走出去"，中国的发展更加融入世界，初步形成中国的发展离不开世界、世界的发展同样离不开中国的局面。

随着全党思想解放和改革实践的不断发展，党对中国特色社会主义的认识也逐步深入。

一是从总结历史经验的角度，重新认识中国特色社会主义道路。1981年6月，党的十一届六中全会通过的《关于建国以来党的若干历史问题的决议》宣告："十一届三中全会以来，我们党已经逐步确立了一条适合我国国情的社会主义现代化建设的正确道路"，并对这条道路的主要点第一次作了初步概括，共十点。这十个主要点构成了中国特色社会主义道路的最初框架，成为我们党继续探索这条道路的基础。这个阶段，党中央一再强调要抓住经济建设这个中心不放，坚持四项基本原则，进行体制改革和实行对外开放，开始形成后来概括为"一个中心、两个基本点"的基本思想，奠定了新时期党的基本路线的基础。在拨乱反正和总结历史经验的基础上，邓小平在党的十二大开幕词中郑重指出："把马克思主义的普遍真理同我国的具体实际结合起来，走自己的道路，建设有中国特色的社会主义，这就是我们总结长期历史经验得出的基本结论。"

二是对中国特色社会主义的认识在理论上实现了突破。作出了我国还处在社会主义初级阶段的国情判断，为开辟中国特色社会主义道路奠定了重要的理论基石；提出了和平与发展是当代世界的两大主题的论断，回答了中国特色社会主义的外部环境问题；提出了社会主义经济是公有制基础上的有计划的商品经济的新概念，突破了把计划经济同商品经济对立起来的传统观念。这些变化冲破了旧体制和传统观念的束缚，使中国的社会主义开始焕发勃勃生机和活力。在总结新中国成立以来正反两方面的经验教训和党的十一届三中全会以来新鲜经验的基础上，1987年党的十三大明确提出了社会主义初级阶段理论，并以此为依据制定了党在社会主义初级阶段的基本路线。党的十三大报告还概述了"建设有中国特色社会主义理论"的十二个观点，使这一理论形成了一个比较完整的轮廓。

三是形成中国特色社会主义基本理论框架。以1992年邓小平南方谈话和党的十四大召开为标志，我国改革开放和现代化建设进入一个新的发展阶段。党的十四大第一次明确提出我国经济体制改革的目标是建立社会主义市场经济体制，并对"建设有中国特色社会主义理论"的主要内容从九个方面作了新的概括。1997年党的十五大明确地把这一理论命名为邓小平理论，确立为党的指导思想。邓小平理论是中国特色社会主义理论体系的开创之作，是最基础的重要组成部分。党的十五大紧紧把握社会主义初级阶段的基本特征，深入贯彻党在社会主义初级阶段的基本路线，制定了中国特色社会主义经济、政治、文化纲领，初步形成了中国特色社会主义建设三位一体的总体布局。2012年党的十六大在党的正式文件中首次将"有中国特色社会主义"的提法改变为"中国特色社会主义"。这一提法上的变化，伴随着实践基础上的理论创新，党中央将其概括为党领导人民建设中国特色社会主义必须坚持的十条基本经验。这十条基本经验，形成了中国特色社会主义道路的基本轮廓。

四是深化和完善对中国特色社会主义的认识。进入新世纪新阶段，党中央面对复杂多变的国际环境和艰巨繁重的改革发展任务，从我国经济社会发展的阶段性特征出发，提出了"三个代表"重要思想、科学发展观等一系列重大战略思想。如坚持以科学发展观统领经济社会发展全局，着力转变不适应不符合科学发展观的思想观念，着力解决影响和制约科学发展的突出问题，促进了国民经济又好又快发展；提出了构建社会主义和谐社会的重大战略思想，加快推进以改善民生为重点的社会建设，将社会建设提升到与经济、政治、文化建设并重的高度，使中国特色社会主义事业总体布局从"三位一体"提高到"四位一体"；坚持和发展了邓小平关于和平与发展已成为时代主题的观点，提出和平发展、和谐世界的理论，坚持走和平发展道路。此外，大力推进社会主义核心价值体系建设、加强党的先进性建设和执政能力建设、建设社会主义新农村、建设创新型国家等创新理论和创新实践，进一步深化和拓展了中国特色社会主义道路。

改革开放 30 多年来，党一方面不断加大改革的步伐，另一方面不断从思想理论上突破原先的认识，从而推动中国特色社会主义不断向前发展，党和国家各项事业也取得了举世瞩目的成就。

实现了两个伟大历史转折，即实现了从高度集中的计划经济体制到充满活力的社会主义市场经济体制的伟大转折，形成和发展符合当代中国国情、充满生机活力的新的体制机制；实现了由封闭走向开放的伟大转折，利用国际国内两个市场、两种资源，大大增强国际竞争力。

综合国力迈上新台阶。从 1978—2010 年，国内生产总值由 3645 亿元增长到 39.8 万亿元，年均实际增长约 10%，是同期世界经济年均增长率的 3 倍多，经济总量上升为世界第二。主要农产品和工业品产量已居世界第一，具有世界先进水平的重大科技创新成果不断涌现，高新技术产业蓬勃发展。

人民生活总体上达到小康水平。改革开放以来的 30 多年是全国人民收入增长最快、得到实惠最多的时期。从 1978—2009 年，全国城镇居民人均可支配收入由 343 元增加到 17175 元；农民人均纯收入由 134 元增加到约 5153 元；农村贫困人口从 2.5 亿减少到 3597 万。城市人均住宅建筑面积和农村人均住房面积成倍增加，群众家庭财产普遍增多，吃穿住行用水平明显提高，改革开放前长期困扰我们的短缺经济状况已经从根本上得到改变。

社会事业和民生事业得到巩固和发展。城乡免费九年义务教育全面实现，高等教育总规模、大中小学在校生数量位居世界第一，办学质量不断提高。就业规模持续扩大，全社会创业活力明显增强；社会保障制度建设加快推进，覆盖城乡居民的社会保障体系初步形成。公共卫生服务体系和基本医疗服务体系不断健全，新型农村合作医疗制度覆盖全国；社会治理水平不断提高，社会大局保持稳定。

总之，党的十一届三中全会进行拨乱反正，实行以经济建设为中心和改革开放的路线，开启了中国人民由站起来到富起来的历史。在邓小平提出建设有中国特色社会主义的伟大号召后，30多年来，我们党领导人民开辟了中国特色社会主义道路，形成了中国特色社会主义理论体系，改善了中国特色社会主义制度，经济社会建设取得了伟大成就。

（三）开启中国特色社会主义新时代

党的十八大以来，面对世界经济复苏乏力、局部冲突和动荡频发、全球性问题加剧的外部环境，面对我国经济发展进入新常态等一系列深刻变化，以习近平同志为核心的党中央统筹推进"五位一体"总体布局、协调推进"四个全面"战略布局，"十二五"规划胜利完成，"十三五"规划顺利实施，党和国家事业全面开创新局面，改革开放和社会主义现代化建设取得历史性成就。

在经济建设方面，贯彻落实新发展理念，坚决端正发展观念、转变发展方式，发展质量和效益不断提升。经济保持中高速增长，在世界主要国家中名列前茅，国内生产总值从54万亿元增长到80万亿元，稳居世界第二，对世界经济增长贡献率超过30%。供给侧结构性改革深入推进，经济结构不断优化，数字经济等新兴产业蓬勃发展，高铁、公路、桥梁、港口、机场等基础设施建设快速推进。农业现代化稳步推进，粮食生产能力达到12000亿斤。城镇化率年均提高1.2个百分点，8000多万农业转移人口成为城镇居民。区域发展协调性增强，"一带一路"建设、京津冀协同发展、长江经济带发展成效显著。创新驱动发展战略大力实施，创新型国家建设成果丰硕，天宫、蛟龙、天眼、悟空、墨子、大飞机等重大科技成果相继问世。南海岛礁建设积极推进。开放型经济新体制逐步健全，对外贸易、对外投资、外汇储备稳居世界前列。

在全面深化改革方面，坚决破除各方面体制机制弊端。改革全面发力、多点突破、纵深推进，着力增强改革系统性、整体性、协同性，压茬拓展改革广度和深度，推出1500多项改革举措，重要领域和关键环节改革取得突破性进展，主要领域改革主体框架基本确立。中国特色社会主义制度更加完善，国家治理体系和治理能力现代化水平明显提高，全社会发展活力和创新活力明显增强。

在民主法治建设方面，积极发展社会主义民主政治，推进全面依法治国，党的领导、人民当家作主、依法治国有机统一的制度建设全面加强，党的领导体制机制不断完善，社会主义民主不断发展，党内民主更加广泛，社会主义协商民主全面展开，爱国统一战线巩固发展，民族宗教工作创新推进。科学立法、严格执法、公正司法、全民守法深入推进，法治国家、法治政府、法治社会建设相互促进，中国特色社会主义法治体系日益完善，全社会法治观念明显增强。国家监察体制改革试点取得实效，行政体制改革、司法体制改革、权力运行制约和监督体系建设有效实施。

在思想文化建设方面，加强党对意识形态工作的领导，党的理论创新全面推进，马克思主义在意识形态领域的指导地位更加鲜明，中国特色社会主义和中国梦深入人心，社会主义核心价值观和中华优秀传统文化广泛弘扬，群众性精神文明创建活动扎实开展。公共文化服务水平不断提高，文艺创作持续繁荣，文化事业和文化产业蓬勃发展，互联网建设管理运用不断完善，全民健身和竞技体育全面发展。主旋律更加响亮，正能量更加强劲，文化自信得到彰显，国家文化软实力和中华文化影响力大幅提升，全党全社会思想上的团结统一更加巩固。

在人民生活改善方面，始终贯彻以人民为中心的发展思想，一大批惠民举措落地实施，人民获得感显著增强。脱贫攻坚战取得决定性进展，6000多万贫困人口稳定脱贫，贫困发生率从10.2%下降到4%以下。教育事业全面发展，中西部和农村教育明显加强。就业状况持续改善，城镇新增就业年均1300万人以上。城乡居民收入增速超过经济增速，中等收入群体持续扩大。覆盖城乡居民的社会保障体系基本建立，人民健康和医疗卫生水平大幅提高，保障性住房建设稳步推进。社会治理体系更加完善，社会大局保持稳定，国家安全全面加强。

在生态文明建设方面，全党全国贯彻绿色发展理念的自觉性和主动性显著增强，忽视生态环境保护的状况明显改变。生态文明制度体系加快形成，主体功能区制度逐步健全，国家公园体制试点积极推进。全面节约资源有效推进，能源资源消耗强度大幅下降。重大生态保护和修复工程进展顺利，森林覆盖率持续提高。生态环境治理明显加强，环境状况得到改善。引导应对气候变化国际合作，成为全球生态文明建设的重要参与者、贡献者、引领者。

在强军兴军方面，着眼于实现中国梦强军梦，制定新形势下军事战略方针，全力推进国防和军队现代化。召开古田全军政治工作会议，恢复和发扬我党我军光荣传统和优良作风，人民军队政治生态得到有效治理。国防和军队改革取得历史性突破，形成军委管总、战区主战、军种主建新格局，人民军队组织架构和力量体系实现革命性重塑。加强练兵备战，有效遂行海上维权、反恐维稳、抢险救灾、国际维和、亚丁湾护航、人道主义救援等重大任务，武器装备加快发展，军事斗争准备取得重大进展。人民军队在中国特色强军之路上迈出坚定步伐。

在港澳台工作方面，全面准确贯彻"一国两制"方针，牢牢掌握宪法和基本法赋予的中央对香港、澳门全面管治权，深化内地和港澳地区交流合作，保持香港、澳门繁荣稳定。坚持一个中国原则和"九二共识"，推动两岸关系和平发展，加强两岸经济文化交流合作，实现两岸领导人历史性会晤。妥善应对台湾局势变化，坚决反对和遏制"台独"分裂势力，有力维护台海和平稳定。

在全方位外交布局方面，全面推进中国特色大国外交，形成全方位、多层次、立体化的外交布局，为我国发展营造了良好外部条件。实施共建"一带一路"倡议，发起创办亚洲基础设施投资银行，设立丝路基金，举办首届"一带一路"国际合作高峰论坛、亚太经合组织领导人非正式会议、二十国集团领导人杭州峰会、金砖国家领导人厦门会晤、亚信峰会。倡导构建人类命运共同体，促进全球治理体系变革。我国国际影响力、感召力、塑造力进一步提高，为世界和平与发展作出新的重大贡献。

在全面从严治党方面，全面加强党的领导和党的建设，坚决改变管党治党宽松软状况。推动全党尊崇党章，增强政治意识、大局意识、核心意识、看齐意识，坚决维护党中央权威和集中统一领导，严明党的政治纪律和政治规矩，层层落实管党治党政治责任。坚持照镜子、正衣冠、洗洗澡、治治病的要求，开展党的群众路线教育实践活动和"三严三实"专题教育，推进"两学一做"学习教育常态化制度化，全党理想信念更加坚定、党性更加坚强。贯彻新时期好干部标准，选人用人状况和风气明显好转。党的建设制度改革深入推进，党内法规制度体系不断完善。把纪律挺在前面，着力解决人民群众反映最强烈、对党的执政基础威胁最大的突出问题。出台中央八项规定，严厉整治形式主义、官僚主义、享乐主义和奢靡之风，坚决反对特权。巡视利剑作用彰显，实现中央和省级党委巡视全覆盖。坚持反腐败无禁区、全覆盖、零容忍，坚定不移"打虎""拍蝇""猎狐"，不敢腐的目标初步实现，不能腐的笼子越扎越牢，不想腐的堤坝正在构筑，反腐败斗争压倒性态势已经形成并巩固发展。

党的十八大以来，我国经济实力、科技实力、国防实力、综合国力进入世界前列，我国国际地位实现前所未有的提升，党的面貌、国家的面貌、人民的面貌、军队的面貌、中华民族的面貌发生了前所未有的变化，中华民族正以崭新姿态屹立于世界的东方。这些伟大成就是在改革开放新时期党和国家事业发展基础上取得的，但又是带有全方位的、开创性的、历史性的成就。同时，在这五年里，中国共产党以巨大的政治勇气和强烈的责任担当，提出一系列新理念新思想新战略，出台一系列重大方针政策，推出一系列重大举措，推进一系列重大工作，解决了许多长期想解决而没有解决的难题，办成了许多过去想办而没有办成的大事，推动党和国家事业发生历史性变革。

需要特别注意的是，经过 30 多年的快速发展，我国稳定解决了十几亿人的温饱问题，总体上实现小康，不久将全面建成小康社会，人民美好生活需要日益广泛，不仅对物质文化生活提出了更高要求，而且在民主、法治、公平、正义、安全、环境等方面的要求日益增长。同时，我国社会生产力水平总体上显著提高，社会生产力在很多方面进入世界前列，更加突出的问题是发展不平衡不充分，这已经成为满足人民日益增长的美好生活需要的主要制约因素。这些深刻变化，使得我国社会主要矛盾发生变化，即由"人民日益增长的物质文化需要同落后的社会生产之间的矛盾"转变为"人民日益增长的美好生活需要和不平衡不充分的发展之间的矛盾"。这既是对我国社会主要矛盾发生了转化的实际所作的实事求是的重要判断，又是重大的理论创新。

正是基于改革开放以来取得的伟大成就，尤其是党的十八大以来发生的深层次历史性变革，习近平总书记提出具有划时代意义的新判断，这就是"中国特色社会主义进入了新时代"，这标志着我国发展所处的历史方位发生了重大变化。那么，这个新时代与中国特色社会主义其他阶段又有什么不同呢？这个新时代主要的任务又是什么呢？显然，这个新时代，是承前启后、继往开来、在新的历史条件下继续夺取中国特色社会主义伟大胜利的时代，是决胜全面建成小康社会、进而全面建设社会主义现代化强国的时代，是全国各族人民团结奋斗、不断创造美好生活、逐步实现全体人民共同富裕的时代，是全体中华儿女勠力同心、奋力实现中华民族伟大复兴中国梦的时代，是我国日益走近世界舞台中央、不断为人类作出更大贡献的时代。

正如党的十九大报告所指出："中国特色社会主义进入新时代，意味着近代以来久经磨难的中华民族迎来了从站起来、富起来到强起来的伟大飞跃，迎来了实现中华民族伟大复兴的光明前景；意味着科学社会主义在二十一世纪的中国焕发出强大生机活力，在世界上高高举起了中国特色社会主义伟大旗帜；意味着中国特色社会主义道路、理论、制度、文化不断发展，拓展了发展中国家走向现代化的途径，给世界上那些既希望加快发展又希望保持自身独立性的国家和民族提供了全新选择，为解决人类问题贡献了中国智慧和中国方案。"这"三个意味着"，从中华民族发展史、世界社会主义发展史和人类社会发展史的维度，深刻揭示了中国特色社会主义不断开辟发展新境界的历史意义、时代意义和世界意义，为我们坚定中国特色社会主义道路自信、理论自信、制度自信、文化自信注入了新的思想动力。

纵观中国近百年来的历史，我们可以清晰地看到，中国共产党领导人民进行新民主主义革命和社会主义革命，建立了新中国，建立了社会主义制度，使中国人民站起来了；中国共产党领导人民进行改革开放，成功探索出中国特色社会主义道路，使中国人民富起来了；党的十八大以来，以习近平同志为核心的党中央以超常的胆略和力度，披荆斩棘，攻坚克难，党和国家事业取得新的历史性成就、实现历史性变革，推动中国特色社会主义进入新时代。这在中华人民共和国发展史上、中华民族发展史上具有重大意义，在世界社会主义发展史上、人类社会发展史上也具有重大意义。

二、新判断: 新时代我国社会主要矛盾的变化

随着中国特色社会主义进入新时代, 我国社会主要矛盾也随之发生深刻变化。在党的十九大报告中, 习近平总书记深刻指出:"中国特色社会主义进入新时代, 我国社会主要矛盾已经转化为人民日益增长的美好生活需要和不平衡不充分的发展之间的矛盾。我国稳定解决了十几亿人的温饱问题, 总体上实现小康, 不久将全面建成小康社会, 人民美好生活需要日益广泛, 不仅对物质文化生活提出了更高要求, 而且在民主、法治、公平、正义、安全、环境等方面的要求日益增长。同时, 我国社会生产力水平总体上显著提高, 社会生产能力在很多方面进入世界前列, 更加突出的问题是发展不平衡不充分, 这已经成为满足人民日益增长的美好生活需要的主要制约因素。"这段经典论述, 深刻地阐明了我国社会面临的新的主要矛盾以及主要矛盾发生变化的根本性原因, 为认识新时代的基本特征并继续推动新时代经济社会发展提供重大理论依据。

那么, 我国社会主要矛盾到底是如何发生变化的? 新时代我国社会主要矛盾又该如何理解? 准确研判社会主要矛盾的变化, 对于党和国家事业发展有着怎样的深刻影响?

(一) 关于社会主义制度确立后我国社会主要矛盾的认识

马克思主义哲学原理告诉我们: 事物的主要矛盾决定事物的性质和特征, 社会主要矛盾决定历史发展阶段的性质和特征, 我国社会主要矛盾决定了党和国家的工作大局。

1956 年, 党的八大政治报告首次提出: 生产资料私有制的社会主义改造基本完成以后, 国内的主要矛盾不再是工人阶级和资产阶级之间的矛盾, 而是人民对于建立先进的工业国的要求同落后的农业国的现实之

间的矛盾，是人民对于经济文化迅速发展的需要同当前经济文化不能满足人民需要的状况之间的矛盾。这一矛盾的实质，在中国社会主义制度已经建立的情况下，也就是先进的社会主义制度同落后的社会生产之间的矛盾。根据社会主要矛盾的变化，党的八大作出了党和国家的工作重点必须转移到社会主义建设上来的重大战略决策。

应该说，党的八大关于我国社会主要矛盾的研判和认识，是符合我国基本国情的，体现了社会主义本质要求，也为认识社会主义初级阶段社会主要矛盾奠定了理论基础。1957 年 2 月，毛泽东在《关于正确处理人民内部矛盾的问题》中再次提出：我们的根本任务已经由解放生产力变为在新的生产关系下面保护和发展生产力。这些思想与党的八大的社会主要矛盾论断是一致的，二者互相呼应、互相论证。然而，这些关于社会主义社会主要矛盾的正确认识没能坚持下来。1957 年 10 月，党的八届三中全会改变了党的八大对社会主要矛盾的认识，提出："无产阶级和资产阶级的矛盾，社会主义道路和资本主义道路的矛盾，毫无疑问，这是当前我国社会的主要矛盾。"这种关于社会主要矛盾的错误认识对党和国家事业发展产生了直接负面影响，也成为发动"文革"以及提出"以阶级斗争为纲"等错误路线的重要理论依据。

1978 年 12 月，党的十一届三中全会开始全面拨乱反正，停止"以阶段斗争为纲"的口号，重新恢复实事求是思想路线，为正确认识社会主要矛盾创造了条件。1981 年 6 月，党的十一届六中全会通过的《关于建国以来党的若干历史问题的决议》指出，在社会主义改造基本完成以后，我国所要解决的主要矛盾，是"人民日益增长的物质文化需要同落后的社会生产之间的矛盾"。这一论断把社会主要矛盾科学地规范于需要与生产的关系范畴，克服了党的八大表述的缺憾，又体现了我国社会主义初级阶段特殊国情的具体历史性，论断严谨科学，堪称经典论述。这一经典论断，标志着社会主义初级阶段社会主要矛盾理论基本形成。

党的十一届六中全会关于我国社会主要矛盾的经典论述，主要基于两方面的认识：一是现阶段，进入社会主义社会后，由于剥削阶级已经消灭，阶级斗争虽然还在一定范围内存在，但社会的主要矛盾已经不是阶级斗争。二是社会主义初级阶段的生产力发展水平还很低，落后于发达国家，远远不能满足人民的需要，再加上社会主义具体制度还不完善，人均国民生产总值还比较低。这两个方面的认识，纠正了党的八届三中全会以来关于阶级斗争的基本看法，准确把握社会主义初级阶段的基本特征，为作出我国社会主要矛盾正确判断提供了前提和基础。

此次会议之后，关于我国社会主要矛盾的表述在党的重大文献中都有体现，它们的表述与基本精神是一致的。

1987 年，党的十三大报告指出"我国正处在社会主义初级阶段"，并指出"我们现阶段所面临的主要矛盾，是人民日益增长的物质文化需要同落后的社会生产之间的矛盾"。

1997 年，党的十五大报告再次强调，我国社会主义社会仍处在初级阶段。社会主义初级阶段"社会的主要矛盾是人民日益增长的物质文化需要同落后的社会生产之间的矛盾，这个主要矛盾贯穿我国社会主义初级阶段的整个过程和社会生活的各个方面"。

2002 年，党的十六大报告指出，我国正处于并将长期处于社会主义初级阶段，现在达到的小康还是低水平的、不全面的、发展很不平衡的小康，人民日益增长的物质文化需要同落后的社会生产之间的矛盾仍然是我国社会的主要矛盾。

2007 年，党的十七大报告重申，我国仍处于并将长期处于社会主义初级阶段的基本国情没有变，人民日益增长的物质文化需要同落后的社会生产之间的这一社会主要矛盾没有变。

2010 年，党的"十二五"规划提出，建立和谐社会主义，并且提出在今后相当长一段时间内，要努力平衡人民过快增长的物质文化需求与社会生产之间的关系。

总体来说，30 多年来，关于社会主义初级阶段社会主要矛盾的论断，为党的历次全国代表大会、中央全会及修改的党章所肯定和坚持，并不断经受实践的检验，不断地被赋予新的时代内涵。中国共产党也以此为理论起点，科学总结了现阶段我国社会主要矛盾的基本表现，提出了解决社会主要矛盾的基本思路和重大战略思想，这些内容与经典论断及其科学内涵构成了社会主义初级阶段社会主要矛盾理论。

可以说，关于社会主义初级阶段我国社会主要矛盾的论述，是党作出把工作重点必须转移到社会主义现代化建设上来，以及 30 多年来始终坚持以经济建设为中心不动摇的立论依据。改革开放 30 多年来，面对国内外环境的复杂变化和重大风险挑战，党中央始终坚持"一个中心、两个基本点"这一基本路线，始终把发展作为硬道理、作为党执政兴国第一要务，锐意推进改革，坚持不懈开放，中国特色社会主义焕发出蓬勃生机和活力，各项事业实现了跨越式发展，人民生活水平有了根本性改善。

为了更加直观地了解改革开放以来取得的巨大成就，以下通过经济社会发展一些主要指标的比较，加深对改革开放 30 多年成就的认识。

改革开放以来，我国国民经济蓬勃发展，经济总量连上新台阶，综合国力和国际竞争力不断增强，成功实现从低收入国家向上中等收入国家跨越。

经济发展"颜值"高"气质"佳。 1979—2012 年，我国经济保持高速增长，国内生产总值年均增长 9.8%，同期世界经济年均增速只有 2.8%。我国高速增长期持续的时间和增长速度都超过了经济起飞时期的日本和亚洲"四小龙"，创造了人类经济发展史上的新奇迹。2013—2016年，我国经济保持中高速增长，国内生产总值年均增长 7.2%，高于同期世界 2.5% 和发展中经济体 4% 的平均增长水平。与此同时，就业物价形势稳定。2013—2016 年，城镇新增就业连续四年保持在 1300 万人以上，31 个大城市城镇调查失业率基本稳定在 5% 左右，农民工总量年均增长 1.8%。价格涨势温和，2013—2016 年，居民消费价格年均上涨 2.0%。

与此同时，我国国际影响力显著提升。2016年，我国国内生产总值折合11.2万亿美元，占世界经济总量的15%左右，比2012年提高超过3个百分点，稳居世界第二位。2013—2016年，我国对世界经济增长的平均贡献率达到30%以上，超过美国、欧元区和日本贡献率的总和，居世界第一位。

农产品供给不仅解决了占世界五分之一人口的温饱问题，还为工业化快速推进提供了重要支撑。改革开放30多年来，党中央、国务院始终把农业生产放在十分重要的战略地位，千方百计促进农业生产，稳定粮食产量，不仅成功解决了中国人的温饱问题，实现了人民生活水平质的提高，而且为工业发展提供了丰富的原料。2016年，全国粮食总产量61623.9万吨，连续10年稳定在5亿吨以上的水平，连续4年稳定在6亿吨以上。

制造业国际地位大幅提升，已成为世界制造业第一大国，部分关键领域技术水平位居世界前列。改革开放30多年来尤其是近年来，我国制造业持续快速发展，总体规模大幅提升，综合实力不断增强，不仅对国内经济和社会发展作出了重要贡献，而且成为支撑世界经济的重要力量。2013年，我国制造业产出占世界比重达到20.8%，连续4年保持世界第一大国地位。2016年，我国共有110家企业入选"财富世界500强"，比2008年增加75家，连续4年成为世界500强企业数仅次于美国(130多家)的第二大国。同时，在创新驱动战略引领下，社会创新要素不断向企业集聚，工业企业研发投入快速增长，自主创新能力显著增强。2013年规模以上工业企业研发支出8318亿元，比2008年增长2.7倍，企业研发投入强度从2008年的0.61%增加到2013年的0.80%。载人航天、探月工程、载人深潜、新支线飞机、大型液化天然气船（LNG）、高速轨道交通等领域技术取得突破性进展。特高压输变电设备、百万吨乙烯成套装备、风力发电设备、千万亿次超级计算机等装备产品技术水平已跃居世界前列。

第三产业不断发展，日益成为经济增长的新引擎。1978 年前我国服务业比重和水平偏低，发展相对滞后，是经济社会发展的一块"短板"。随着国家对发展服务业重要性、紧迫性的认识逐渐深化，推出了一系列旨在加快服务业发展的政策措施，服务业不断发展壮大。2016 年，我国国内生产总值增长 6.7%，第三产业增加值 384221 亿元，增长 7.8%，第三产业增加值占国内生产总值比重为 51.6%，比上年提高 1.4 个百分点。近年来，信息、物流、电子商务等现代服务业保持良好发展势头，对经济社会发展的支撑和带动作用增强。

交通运输设施日益完善，交通运输能力不断增强。改革开放 30 多年来，我国交通网络不断完善，运输能力不断增强，运输效率不断提高，有力地支撑了各项产业的发展。2012 年，我国铁路营业里程达到 9.8 万公里，比 1978 增长 88.8%，居世界第二位；公路里程 424 万公里，增长 3.8 倍。2012—2016 年，高速铁路运营里程由不到 1 万公里增加到 2.2 万公里以上，稳居世界第一；公路里程由 424 万公里增加到 470 万公里，其中高速公路里程由 9.6 万公里增加到 13.1 万公里，位居世界第一。2016 年年末，城市轨道交通运营线路里程 4153 公里，拥有运营线路的城市 30 个。

教育事业明显加强。九年义务教育全面普及，高等教育毛入学率显著提高，1978 年，中国的高等教育毛入学率只有 1.55%，1988 年达到 3.7%，1998 年升至 9.76%。1999 年开始大学扩招，高等教育毛入学率快速上升，2002 年达到 15%，高等教育从精英教育阶段进入大众化阶段。2007 年，中国高等教育毛入学率达到 23%。2012 年，中国高等教育毛入学率达到 30%。2016 年，中国高等教育毛入学率达到 42.7%。

当然，这 30 多年的巨大变化不仅体现在上述几个方面，更是体现在经济社会发展的方方面面。这些成就的取得，再次证明：关于社会主要矛盾的正确判断，对于我国经济社会发展具有决定性意义。30 多年跨越式发展与根本性改变，其根源就在于此。

（二）新时代我国社会主要矛盾的深刻变化

党的十九大报告提出，中国特色社会主义已经进入新时代。与此同时还提出另一个重大判断：中国特色社会主义新时代的社会主要矛盾已经由"人民日益增长的物质文化需要同落后的社会生产之间的矛盾"转化为"人民日益增长的美好生活需要和不平衡不充分的发展之间的矛盾。"与前一个判断一样，第二个重大判断的提出是对以往关于这个问题的重大发展和完善，对于认识当下中国社会的基本特征，具有极为深远的理论意义和现实意义。

为什么中国共产党要对社会主义初级阶段社会主要矛盾进行修正？其原因是矛盾的双方都已经发生了深刻的变化。

从矛盾一方，即人民需要方面来讲，经过30多年的快速发展，我国人民不仅对物质文化生活提出了更高要求，而且对民主、法治、公平、正义、安全、环境等方面的要求也日益增长。为不断满足人民这些需要，以习近平同志为核心的党中央锐意改革、励精图治，不断推动各项事业的变革式发展。

满足人民群众对民主法治的需要。党的十八大以来，党中央对坚持党的领导、人民当家作主和依法治国三者有机统一的理论认识更加深入，制度安排更加完善，实际成效更加明显。健全党领导立法工作机制，落实党政主要负责人履行推进法治建设第一责任人职责，建立政法机关党组织向党委请示报告重大事项制度，促进党对法治工作的领导制度化、规范化、程序化。严格执行领导干部干预司法活动的记录通报和责任追究规定，公开通报违法干预典型案件，防止把党的领导作为个人以言代法、以权压法、徇私枉法的挡箭牌；贯彻以人民为中心的发展思想，紧紧依靠人民群众推进依法治国，深化立法、执法、司法公开，拓宽人民群众参与、表达、监督渠道，更加注重广纳群言、广集众智、广用民力，使法治建设深深扎根于人民创造性实践中。完善人民群众合法权益保障立法，加强人权司法保障，推出大批便民利民新举措，让人民群众有更实在更深切的获得感。

满足人民群众对民生保障和改善的需要。按照党中央、国务院统一部署，围绕建立更加公平、可持续的养老保险制度，全国各省区市整合城乡居民基本养老保险制度，制定《城乡养老保险制度衔接暂行办法》，开展养老服务业和公办养老机构改革试点。相关部门陆续推出了大学生创业引领计划，出台了失业保险支持企业稳定岗位政策，健全了企业职工工资正常增长机制，提高了低保等城乡困难群体救助水平，发布实施了《社会救助暂行办法》，改革完善基本医疗保险制度，在全国推开城乡居民大病保险，完善了基本药物制度，扩大了城市公立医院改革试点，实现了公租房、廉租房并轨运行，启动了共有产权住房试点。

满足人民群众对安全的需要。党的十八大以来，党中央高度重视平安中国建设工作，明确提出把平安中国建设置于中国特色社会主义事业发展全局中来谋划，把人民群众对平安中国建设的要求作为努力方向，努力解决深层次问题，着力建设平安中国，确保人民安居乐业、社会安定有序、国家长治久安。数据显示，党的十八大以来，八类严重暴力犯罪案件下降42.7%，命案下降30%，重特大火灾、道路交通事故年均分别下降18.3%和18.6%，人民群众安全感始终保持在90%以上。民生关系平安。近年来，很多地方积极推动从注重管理向注重治理转变，由党政主导向多元协同转变，由应急运动向常态长效转变，取得较好效果。随着社会治理方式的转变，逐步形成党委领导、政府负责、社会协同、公众参与、法治保障的科学治理体系，为满足人民群众对安全的需求提供了保障。

满足人民群众对美好环境的需要。党的十八届三中全会旗帜鲜明地提出"用制度保护生态环境"，确立了生态文明制度体系，按照"源头严防、过程严管、后果严惩"的思路，为生态文明体制改革指明了方向、确定了任务。先后出台了国有林区改革指导意见和国有林场改革方案，提出建立国家公园体制试点方案，推动市县"多规合一"试点，提高排污费征收标准、扩大征收范围、加大处罚力度，推进排污权有偿使用和交易试点，开展环境污染第三方治理试点，强化节水准入，开展水权试点，《2014—2015年节能减排低碳发展行动方案》和《大气污染防治行动计划实施情况考核办法（试行）》先后推行，以硬约束加快淘汰落后产能、燃煤小锅炉和老旧汽车，京津冀及周边地区、长三角、珠三角区域分别建立大气污染防治协作机制，坚持行政手段、经济手段、法律手段"三管齐下"，以总量控制、源头治理、区域联动的努力，"向雾霾宣战"争取"雾开霾散"，有效地实现了生态环境的持续改善。

满足人民群众对文化生活的需要。2012年党的十八大提出，要加快推进文化惠民工程，推动公共文化服务设施向社会免费开放；2013年党的十八届三中全会上正式提出要"建立健全现代公共文化服务体系"。2015年年初，中共中央办公厅、国务院办公厅印发了《关于加快构建现代公共文化服务体系的意见》，对现代公共文化服务体系建设进行了顶层设计。几年来，我国公共文化服务体系已经初步建立并在不断完善，取得了不俗成绩。形成了"一个目标""四个坚持"的公共文化服务体系建设基本思路。初步建成了包括国家级、省级、地市级、县级、乡级、村级和城市社区六个级别的公共文化服务网络。农村的公共文化服务能力大大增强，农村基本实现了广播电视村村通、户户通，而且不仅是集中居住点实现了户户通，更重要的是在游牧地区也有了装有太阳能电池、可以收看电视广播的"马背电视"，海洋渔船装上卫星电视，为渔民送上文化大餐；大力发展文化志愿者，着力解决基层缺乏文化人才问题，现在已经有文化志愿服务组织机构7000多个，文化志愿者超过百万人，初步形成了一支专兼结合的基层文化工作队伍。所有这些，都极大程度地满足了人民群众对文化生活的需要。

近年来，党和政府在民主法治、社会保障、社会治理、生态文明、文化供给等方面作了大量工作，也取得了实实在在的成效，受到广大群众的好评。这一方面充分体现了党以人民为中心的理念，另一方面也反映了人民群众需要的深刻变化。

从矛盾的另一方面，即社会生产力水平方面来说，经过30多年的快速发展，我国社会生产力水平总体上显著提高，社会生产能力在很多方面进入世界前列。

载人航天、探月工程再创辉煌。2013年6月11日，"神舟十号"在酒泉卫星发射中心由长征二号F改进型运载火箭成功发射，这标志着中国载人航天全面进入空间实验室和空间站研制阶段。时隔3年，"神舟十一号"于2016年10月17日成功发射，进行了空间交会对接，开展地球观测和空间地球系统科学、空间应用新技术、空间技术和航天医学等领域的应用和试验。"神舟十一号"在"神舟十号"基础上有很多技术上的改进，它的发射标志着中国载人航天工程取得了新的重大进展。近年来，嫦娥奔月工程也取得很大进展。2012年，发射第一颗月球软着陆器并携带一辆月球车，进行首次月球软着陆及自动巡视勘测；2017年，中国按计划进行探月三期工程，发射一颗月球软着陆器，进行首次月球样品自动取样并返回地球。中国的探月工程，为人类和平使用月球迈出了新的一步。

北斗系统日益成熟并广泛应用。中国北斗卫星导航系统是中国自行研制的全球卫星导航系统，是继美国全球定位系统（GPS）、俄罗斯格洛纳斯卫星导航系统（GLONASS）之后第三个成熟的卫星导航系统。近几年来，随着北斗导航系统的开发，其应用已经服务于测绘、城建、水利、交通、旅游、应急等救灾的领域。现如今，北斗导航系统与人们的生活日益紧密，打鱼的、放牛的、开车的、送快递的全都在用北斗，每年产值超过一千多亿元，对经济社会的发展产生深远影响。

蛟龙号深海探测大显身手。蛟龙号载人深潜器是我国首台自主设计、自主集成研制的作业型深海载人潜水器，设计最大下潜深度为7000米级，也是目前世界上下潜能力最深的作业型载人潜水器。蛟龙号进行的深海探测，远远不仅有象征性意义，对于开拓深海海洋事业，了解海底未知的世界，都有着十分重要的意义。

超级计算机计算速度居世界榜首。2013 年 5 月，中国研制出世界上首台亿亿次超级计算机——天河二号，并连续六次获得了世界榜首。这个成就来之不易，它是中国科研人员几十年如一日、默默无闻的付出换来的。天河二号不仅速度快，而且同时具有高技能计算和大数据传输的功能，因此在天气预报、生物医药、工程仿真、智慧城市、新能材料等领域取得了显著的效益。

移动通信技术领先世界。2013 年，我国开始推广 TD-LTE 值，当时中国的用户基站数世界领先，它带动着系统设备、芯片设计、智能终端、测试仪表都进入了国际市场，进入了 26 个国家。同时，纳入国际标准的基本专利也由 2% 上升为 10% 以上；芯片的占有率从 1% 跃升到 20%；设备占有率在国内超过了 50%，在国外在国际市场上达到了 20%。这些技术上的进步，推动中国移动通信产业实现了 2G 跟随、3G 突破和 4G 同步的跨越发展，通信制造业进入了世界的前列。

中国自主研制的大型客机 C919 在蓝天翱翔。大型客机研发和生产制造能力是一个国家航空水平的重要标志，也是一个国家整体实力的重要标志。经过几年的努力，2015 年 11 月，中国自主研制的 C919 大型客机总装下线，这是中国航空产业的一次里程碑式的进步。2017 年 5 月 5 日，C919 大型客机在浦东机场成功首飞。这是中国发展潜力的体现，也展现了中国提升制造业水平、跻身全球民用航空工业强国的雄心。

高铁是中国的一张名片。党的十八大以来，中国高铁版图一再扩容，"四纵四横"骨干网基本贯通，越来越多的省份填补了"高铁空白"，搭上了"和谐号"。高铁路网越织越大，车次越开越密。截至 2016 年午底，中国高铁运营里程突破 2.2 万公里，超过世界其他国家高铁里程之和，其中约六成高铁是十八大以来建成通车的。2016 年 7 月，中国自行设计研制、全面拥有自主知识产权的中国标准动车组，成功实现时速 420 公里两车交会及重联运行的目标。这是拟运营高铁动车组列车在世界上首次实现时速 420 公里交会和重联运行。

经过短短五年的时间，在实施制造强国战略的指引下，中国一方面在基础科学研究上取得突破性进展，为战略新兴产业和高端制造业发展奠定基础；另一方面推动以高端装备制造业、高技术产业等为代表的新主体、新业态的快速增长，为中国经济灌注强大的内驱动力，成为发展新引擎。这些代表性的成就，只是中国生产能力快速发展和提升的一个缩影。

当然，在看到中国改革发展取得巨大成就的同时，也应该理性地认识到存在的突出问题，即发展不平衡不充分问题。这个问题已经成为满足人民日益增长的美好生活需要的主要制约因素。

那么，当前我国发展不平衡不充分问题到底体现在哪些方面呢？

一是表现为服务业，尤其是现代服务业发展相对于制造业的不平衡不充分。在制造业中，又表现为先进制造业相对于传统制造业的不平衡不充分。各国经济发展的规律是，在经济发展进入中高收入阶段后，经济增长必将从主要依靠工业化转向服务业化。从中国的情况看，在对经济增长的贡献上，服务业已经超过制造业，但是，服务业增加值占 GDP 的比重只有 51% 左右，远远低于发达经济体 60% 到 70% 左右的水平。在服务业中，尽管信息技术发展较快，但科教文卫等现代服务业的潜力还没有充分发挥，这导致服务业的劳动生产率一直低于制造业。在制造业方面，中国是全世界工业门类最齐全的工业化国家，制造业产值于 2012 年超越美国，现在中国成为全球第一制造大国。不过，从制造业总体的技术水平看，与发达国家尚存在较大差距。

二是表现为消费相对于投资的不平衡不充分。近些年，尽管消费已经取代投资成为拉动经济增长的第一驾"马车"，但是投资占 GDP 的比重依然高达 45%，而中国的消费率依然只有 52% 左右的水平。导致中国消费率偏低的因素很多，有些是正常的——例如人口红利时期的储蓄率通常较高；有些是不正常的——除了经济发展过度依赖要素投入、城乡收入差距大、区域经济发展差距大之外，其中一个突出的因素就是在中国国民可支配收入的分配中，与其他主要经济体相比，中国居民收入占比较低。这说明，我们还需要更好地发挥政府作用，发挥政府在提供基本养老、医疗、教育等方面的公共职能。

三是表现为增长动能的不平衡不充分。从增长动能上看，突出表现为相对于资本、劳动力、土地等要素投入，作为经济增长第一驱动力，创新的关键作用发挥得不平衡不充分。以研发投入为例，2016 年中国已经成为仅次于美国的第二大研发投入国家，但从各个产业看，现代服务业和先进制造业的研发投入强度还偏低，这也是中国产业结构不平衡不充分的根本原因。从区域看，中西部地区的研发投入强度大大低于东部地区，并且差距还在不断拉大。

四是表现为在区域和城乡上的不平衡不充分。各国经济发展的历史表明，随着经济增长，区域之间和城乡之间的人均 GDP 存在着收敛的趋势，即区域和城乡间的差距逐渐缩小。但是，中国的情况似乎并非如此。从城乡格局看，相对于城市，乡村经济发展不平衡不充分。改革开放至今，中国城乡居民的收入差距依然较大。

从上述几个方面分析可见，党的十九大报告提出"我国社会主要矛盾已经转化为人民日益增长的美好生活需要和不平衡不充分的发展之间的矛盾"这个新论断，既是对我国社会主要矛盾发生了转化的实际所作的实事求是的重要判断，又是重大的理论创新。这个重大判断，为党更好地制定符合当前中国实际的发展战略，具有深远的指导作用。

（三）新时代社会主要矛盾的变化的重大影响

党的十九大报告关于新时代社会主要矛盾的重大判断，深刻揭示了当前我国发展的历史方位的变化，表明我国社会已经发生历史性变革。同时，这个新判断也为认识当下中国，规划中国未来发展，制定方针政策，进一步推动我国平衡而充分的发展，提供了依据，指明了方向。

我国社会主要矛盾的深刻变化，为认识中国特色社会主义进入新时代提供依据。改革开放以来，在中国共产党的英明领导下，我国已经稳定解决了十几亿人的温饱问题，并且在 20 世纪末总体上实现小康，再过 3 年，我们将全面建成小康社会，占世界人口五分之一的十几亿中国人将过上全面小康的生活，这是实现中华民族伟大复兴中国梦历程中的重要里程碑，也是在人类社会发展历史上值得大书特书的一页。与此同时，我国社会生产力水平总体上显著提高，已经是当今世界上的第二大经济体，社会生产能力在很多方面进入世界前列，但突出的问题是发展不平衡不充分，这已经成为满足人民日益增长的美好生活需要的主要制约因素。我们党看到并分析了当前状况，及时地作出了我国社会主要矛盾发生了转化的重大判断，充分彰显以习近平同志为核心的党中央实事求是的精神和敢于创新善于创新的理论勇气。

我国社会主要矛盾的深刻变化，对党和国家工作提出了许多新要求。正如习近平总书记所说，我国社会主要矛盾的变化是关系全局的历史性变化，对党和国家工作提出了许多新要求，我们要深入贯彻新发展理念，着力解决好发展不平衡不充分问题，更好满足人民多方面日益增长的需要，更好推动人的全面发展、全体人民共同富裕。同时，他还进一步强调，我们要紧密结合党的十九大对我国未来发展作出的战略安排，推进党和国家各项工作，特别是要保持各项战略、工作、政策、措施的连续性和前瞻性，一步接一步，连续不断朝着确定的目标前进。

依据社会矛盾的深刻变化，十九大报告对未来相关领域的工作进行了战略部署和安排。

建设现代化经济体系。实现"两个一百年"奋斗目标、实现中华民族伟大复兴的中国梦，不断提高人民生活水平，必须坚定不移把发展作为党执政兴国的第一要务，坚持解放和发展社会生产力，坚持社会主义市场经济改革方向，推动经济持续健康发展。我国经济已由高速增长阶段转向高质量发展阶段，正处在转变发展方式、优化经济结构、转换增长动力的攻关期，建设现代化经济体系是跨越关口的迫切要求和我国发展的战略目标。必须坚持质量第一、效益优先，以供给侧结构性改革为主线，推动经济发展质量变革、效率变革、动力变革，提高全要素生产率，着力加快建设实体经济、科技创新、现代金融、人力资源协同发展的产业体系，着力构建市场机制有效、微观主体有活力、宏观调控有度的经济体制，不断增强我国经济创新力和竞争力。

健全人民当家作主制度体系。我国是工人阶级领导的、以工农联盟为基础的人民民主专政的社会主义国家，国家一切权力属于人民。我国社会主义民主是维护人民根本利益的最广泛、最真实、最管用的民主。发展社会主义民主政治就是要体现人民意志、保障人民权益、激发人民创造活力，用制度体系保证人民当家作主。必须长期坚持、不断发展我国社会主义民主政治，积极稳妥推进政治体制改革，推进社会主义民主政治制度化、规范化、程序化，保证人民依法通过各种途径和形式管理国家事务，管理经济文化事业，管理社会事务，巩固和发展生动活泼、安定团结的政治局面。

推动社会主义文化繁荣兴盛。文化是一个国家、一个民族的灵魂。文化兴国运兴，文化强民族强。没有高度的文化自信，没有文化的繁荣兴盛，就没有中华民族伟大复兴。中国特色社会主义文化，源自于中华民族五千多年文明历史所孕育的中华优秀传统文化，熔铸于党领导人民在革命、建设、改革中创造的革命文化和社会主义先进文化，植根于中国特色社会主义伟大实践。发展中国特色社会主义文化，就是以马克思主义为指导，坚守中华文化立场，立足当代中国现实，结合当今时代条件，发展面向现代化、面向世界、面向未来的，民族的科学的大众的社会主义文化，推动社会主义精神文明和物质文明协调发展。要坚持为人民服务、为社会主义服务，坚持百花齐放、百家争鸣，坚持创造性转化、创新性发展，不断铸就中华文化新辉煌。

让改革发展成果更多更公平惠及全体人民。为什么人的问题，是检验一个政党、一个政权性质的试金石。带领人民创造美好生活，是党始终不渝的奋斗目标。必须始终把人民利益摆在至高无上的地位，让改革发展成果更多更公平惠及全体人民，朝着实现全体人民共同富裕不断迈进。保障和改善民生要抓住人民最关心最直接最现实的利益问题，既尽力而为，又量力而行，一件事情接着一件事情办，一年接着一年干。坚持人人尽责、人人享有，坚守底线、突出重点、完善制度、引导预期，完善公共服务体系，保障群众基本生活，不断满足人民日益增长的美好生活需要，不断促进社会公平正义，形成有效的社会治理、良好的社会秩序，使人民获得感、幸福感、安全感更加充实、更有保障、更可持续。

建设美丽中国。人与自然是生命共同体，人类必须尊重自然、顺应自然、保护自然。人类只有遵循自然规律才能有效防止在开发利用自然上走弯路，人类对大自然的伤害最终会伤及人类自身，这是无法抗拒的规律。我国要建设的现代化是人与自然和谐共生的现代化，既要创造更多物质财富和精神财富以满足人民日益增长的美好生活需要，也要提供更多优质生态产品以满足人民日益增长的优美生态环境需要。必须坚持节约优先、保护优先、自然恢复为主的方针，形成节约资源和保护环境的空间格局、产业结构、生产方式、生活方式，还自然以宁静、和谐、美丽。

我国社会主要矛盾的变化，并没有改变我国仍然处于社会主义初级阶段的判断。党的十九大报告在对我国社会主要矛盾的转化与社会主义初级阶段关系的论述上，体现了变与不变的辩证统一，对此只有坚持辩证思维才能加以深刻领会和把握。所谓变，是指经过改革开放近40年的发展，今天我国社会主要矛盾确实发生了转化，这是不争的事实。所谓不变，是指当前我国社会主要矛盾的转化，没有改变我们对我国社会主义所处历史阶段的判断，我国仍处于并将长期处于社会主义初级阶段的基本国情没有变，我国是世界最大发展中国家的国际地位没有变。在这个问题上，已经从以前的"三个没有变"到现在的"两个没有变"，而发生变化的是我国社会主要矛盾，这生动地体现了变与不变相统一的马克思主义辩证法，从中也可以清楚地看出中国共产党所具有的马克思主义政党与时俱进的理论品格，也可以看出中国共产党对中国国情有着十分清醒的认识。

总之，关于新时代我国社会主要矛盾深刻变化的重大判断，是对当前我国社会主义所处历史方位科学认识的必然结论，是对中国特色社会主义初级阶段的新认识，对于在新的历史条件下继续夺取中国特色社会主义伟大胜利，把我国建设成为富强民主文明和谐美丽的社会主义现代化强国，必然产生极为深刻的影响。

三、新使命：新时代中国共产党的历史使命

实现中华民族伟大复兴是中国共产党矢志不渝的追求与梦想。站在新时代新起点上，习近平总书记在十九大报告中深情地说："中国共产党一经成立，就把实现共产主义作为党的最高理想和最终目标，义无反顾肩负起实现中华民族伟大复兴的历史使命，团结带领人民进行了艰苦卓绝的斗争，谱写了气吞山河的壮丽史诗。""九十六年来，为了实现中华民族伟大复兴的历史使命，无论是弱小还是强大，无论是顺境还是逆境，我们党都初心不改、矢志不渝，团结带领人民历经千难万险，付出巨大牺牲，敢于面对曲折，勇于修正错误，攻克了一个又一个看似不可攻克的难关，创造了一个又一个彪炳史册的人间奇迹。""今天，我们比历史上任何时期都更接近、更有信心和能力实现中华民族伟大复兴的目标。"这既是对历史承诺的庄严回应，又是吹响新时代前进的号角，充满了共产党人的自信，再现了共产党人的担当，兑现了共产党人的责任。

那么，90多年来，中国共产党为实现中华民族伟大复兴付出了怎样的艰辛与努力？不同历史时期取得了哪些进步与成就？未来30年，中国共产党又将如何带领全国人民最终实现中华民族伟大复兴目标？

所有这些疑问，在下文都会找到答案。

（一）实现中华民族伟大复兴的奋斗历程

90多年来，中国共产党在领导中国人民进行革命、建设和改革的过程中，战胜了各种困难，经受住各种风险的考验，缔造了丰功伟绩。中国社会的进步是历史上从未有过的，中国人民过上了从未有过的好日子，中华民族真正走上民族伟大复兴之路。

1.1921—1949 年，经过 28 年浴血奋战，中国共产党完成了民族独立和人民解放的使命，为实现中华民族伟大复兴扫清了障碍和提供了前提条件

中华民族有五千多年的文明历史，创造了灿烂的中华文明，为人类作出了卓越贡献，成为世界上伟大的民族。鸦片战争后，中国陷入内忧外患的黑暗境地，中国人民经历了战乱频仍、山河破碎、民不聊生的深重苦难。为了民族复兴，无数仁人志士不屈不挠、前仆后继，进行了可歌可泣的斗争，进行了各式各样的尝试，但终究未能改变旧中国的社会性质和中国人民的悲惨命运。

正当人们处于彷徨之际，伟大的俄国十月革命，鼓舞了中国的先进分子，给中国送来了马克思主义，使他们在黑夜中看到了曙光。1921年，五四运动之后，在中华民族内忧外患、社会危机空前深重的背景下，在马克思列宁主义同中国工人运动相结合的进程中，中国共产党诞生了。从此，中国人民谋求民族独立、人民解放和国家富强、人民幸福的斗争就有了主心骨，中国人民就从精神上由被动转为主动。

实现中华民族伟大复兴是近代以来中华民族最伟大的梦想。中国共产党一经成立，就把实现共产主义作为党的最高理想和最终目标，义无反顾肩负起实现中华民族伟大复兴的历史使命，团结带领人民进行了艰苦卓绝的斗争，谱写了气吞山河的壮丽史诗。

中国共产党深刻认识到，实现中华民族伟大复兴，必须推翻压在中国人民头上的帝国主义、封建主义、官僚资本主义三座大山，实现民族独立、人民解放、国家统一、社会稳定。在革命艰难困苦中，中国共产党团结带领人民找到了一条以农村包围城市、武装夺取政权的正确革命道路，进行了 28 年浴血奋战，完成了新民主主义革命，1949 年建立了中华人民共和国。

中国人民革命的胜利和新中国的诞生，改变了近代以来中华民族被奴役、被剥削、被压迫的命运，结束了 100 多年来战乱频仍，国家四分

五裂的局面，实现了几代中国人梦寐以求的民族独立和人民解放。这就为中国摆脱贫穷落后的面貌，实现国家繁荣富强与人民共同富裕，实现中华民族伟大复兴，扫清了障碍。

2.1949—1978年，中国共产党团结带领中国人民完成社会主义革命，确立社会主义基本制度，消灭一切剥削制度，推进了社会主义建设，为实现中华民族伟大复兴奠定根本政治前提和制度基础

中国人民革命的胜利和中华人民共和国的成立，揭开了中国历史的新篇章。领导和组织这场革命取得胜利的中国共产党，由此成为在全国范围执掌政权的党，担负起领导全国各族人民建设社会主义新中国的重任。肃清反动残余力量，巩固了新生的人民政权；恢复和发展社会生产，建立了新中国国营经济；废除帝国主义利用不平等条约获取的在中国的经济特权，收回了长期被帝国主义控制的中国海关；进行取缔银元投机的斗争，打击了非法囤积生产生活资料等投机行为。至1952年，工农业总产值和主要工农业产品产量均超过新中国成立前的最高水平，城乡人民生活普遍得到改善，国家财政经济状况实现了根本好转。

在迅速医治战争创伤的同时，中国共产党开始在全国范围内实行土地制度改革，荡涤旧社会的污泥浊水。1950年6月，中央人民政府颁布《中华人民共和国土地改革法》，以指导和规范农村土地改革运动。至1952年年底，全国除一部分少数民族地区外，土地改革基本完成；废除旧社会各种陋习，颁布《中华人民共和国婚姻法》，废除封建婚姻制度。此外，党和政府还迅速采取坚决措施，取缔旧社会遗留的卖淫嫖娼、贩毒吸毒、聚众赌博等社会痼疾。经过三年的努力，曾经在旧中国绵延不断的娼、赌、毒等社会病毒，被基本禁绝，社会面貌、社会风尚为之一新。

中国共产党深刻认识到，实现中华民族伟大复兴，必须建立符合我国实际的先进社会制度。经过几年不懈努力，新中国的经济、政治和社会各方面都发生了很大变化。在这个基础上，中共中央提出，从1953年起开始对农业、手工业和资本主义工商业进行社会主义改造，历史上称

之为"三大改造"。至 1956 年年底，全国农业合作化和手工业合作化的任务基本完成，私营工商企业的绝大多数都已成为公私合营企业。"三大改造"的顺利完成，标志着我国最终消灭了剥削制度和剥削阶级，全面确立了社会主义制度。这是我国几千年来最深刻、最伟大的社会变革，为后来中国的改革开放和社会主义现代化建设奠定了坚实基础。

3.1978—2012 年，中国共产党团结带领人民进行改革开放新的伟大革命，破除阻碍国家和民族发展的一切思想和体制障碍，开辟了中国特色社会主义道路，在实现中华民族伟大复兴道路上大踏步前进

我们党深刻认识到，实现中华民族伟大复兴，必须合乎时代潮流、顺应人民意愿，勇于改革开放，让党和人民事业始终充满奋勇前进的强大动力。1978 年年底，党的十一届三中全会作出把党和国家工作重心转移到经济建设上来、实行改革开放的历史性决策。从此，中国走上实现民族伟大复兴的新道路。

对于中国共产党来说，改革开放是一个全新的事物，没有现成的经验和模式可循，只能"摸着石头过河"。中国的改革首先是在农村取得突破的，其标志就是推行家庭联产承包责任制。在农村改革取得突破的鼓舞下，城市经济体制改革也全面展开，打破计划经济管理体制一统天下的格局，改变企业原先的单一所有制结构，形成以公有制为主体的多种经济形式的所有制格局。1982 年 9 月，中共十二大制定了全面开创社会主义现代化建设新局面的行动纲领。以此为标志，中国的经济体制改革全面展开。与改革同步，对外开放工作也正式启动，并逐步形成多层次、有重点、点面结合的开放新格局，使中国与世界经济紧紧联系在一起。

1992 年秋，在邓小平南方谈话精神指导下，党的十四大正式提出，中国经济体制改革的目标就是建立社会主义市场经济体制，市场在国家宏观调控下对资源配置起基础性作用。在此基础上，中共十四届三中全会通过《关于建立社会主义市场经济体制若干问题的决定》，制定了社会

主义市场经济体制的蓝图和基本框架。对于中国改革开放的进程来说，明确建立社会主义市场经济体制的目标具有十分重大的意义。它标志着改革开放已经告别了"摸着石头过河"的阶段，进入全面系统推进的新阶段。此后20余年，中国的经济实现了持续快速稳定增长。

在实现经济快速增长的同时，党在继"小康"社会目标之后，又提出了全面建设小康社会新目标。随着温饱和总体小康实现后，党的十六大提出全面建设小康社会的目标任务，即：在21世纪头20年，要集中力量，全面建设惠及十几亿人口的更高水平的小康社会，使经济更加发展、民主更加健全、科教更加进步、文化更加繁荣、社会更加和谐、人民生活更加殷实。经过这个阶段努力，再继续奋斗几十年，到本世纪中叶基本实现现代化，将中国建设成为富强民主文明的社会主义国家。党的十七大对此目标进行确认，并提出更高的要求。在这基础之上，党的十八大根据经济社会发展实际和新的阶段性特征，提出了更具明确政策导向、更加针对发展难题、更好顺应人民意愿的新要求，以确保到2020年全面建成的小康社会，是发展改革成果真正惠及十几亿人口的小康社会，是经济、政治、文化、社会、生态文明全面发展的小康社会，是为实现社会主义现代化建设宏伟目标和中华民族伟大复兴奠定了坚实基础的小康社会。

30多年来，中国共产党领导人民锐意推行改革，不断求实创新，在新中国成立以后取得成就的基础上，推动中国特色社会主义各项事业取得新的伟大成就，中华民族伟大复兴事业呈现出勃勃生机。

（二）中华民族伟大复兴事业的新进展

实现中华民族伟大复兴中国梦，是党的十八大以来最让中国人激动的口号。2012年11月29日，在国家博物馆，习近平总书记在参观"复兴之路"展览时，第一次提出"中国梦"。他说："大家都在讨论中国梦。我认为，实现中华民族伟大复兴，就是中华民族近代以来最伟大的梦想。"同时，他还强调，"到中国共产党成立 100 年时全面建成小康社会的目标一定能实现，到新中国成立 100 年时建成富强民主文明和谐的社会主义现代化国家的目标一定能实现，中华民族伟大复兴的梦想一定能实现。" 习近平总书记提出的"中国梦"，是所有中华儿女的共同追求，体现了国家、民族、人民、个人的共同理想，是凝聚改革发展动力的最大公约数。

一切伟大的事业，总是在承前启后、继往开来中不断推进。为实现中华民族伟大复兴的中国梦，党的十八大以来，以习近平同志为核心的党中央励精图治、攻坚克难，科学把握当今世界和当代中国的发展大势，顺应实践要求和人民期待，推出一系列重大战略举措，出台一系列重大方针政策，推进一系列重大工作，取得了一系列具有重大现实意义和深远历史意义的成就，全面建成小康社会决战决胜迈出坚实步伐，中华民族伟大复兴事业有了重大进展。

精心设计民族伟大复兴路线图。目标越是接近，任务越是艰巨，中国共产党对此有着清醒的认识。习近平总书记告诫全党："行百里者半九十。距离实现中华民族伟大复兴的目标越近，我们越不能懈怠，越要加倍努力。"党的十八大后，新一届中央领导集体接过历史的接力棒，提出"在中国共产党成立一百年时全面建成小康社会，在中华人民共和国成立一百年时建成社会主义现代化国家"的宏伟目标。"两个一百年"目标的提出，实际上为中华民族伟大复兴中国梦规划了新的战略路线图。

宏伟蓝图已展现在国人的面前，接下来的艰巨任务就是把它一一变为现实。习近平总书记曾明确指出："实现中国梦必须走中国道路、弘扬中国精神、凝聚中国力量。"实际上，这里已经为中华民族伟大复兴中国梦的实现指明了前进的方向。

用"四个全面"战略布局保障民族复兴的实现。当代中国正处于全面建成小康社会的决胜阶段，中华民族正处于走向伟大复兴的关键时期。正是在这样一个大的时代背景下，中国共产党从坚持和发展中国特色社会主义全局出发，在实践中提出并逐步形成全面建成小康社会、全面深化改革、全面依法治国、全面从严治党的战略布局。其中，在"四个全面"战略布局中，全面建成小康社会是重大战略目标，也是党确立的第一个百年奋斗目标，是实现中华民族伟大复兴的关键一步。而全面深化改革、全面依法治国、全面从严治党则是三大战略举措，为如期实现全面建成小康社会提供重要保障。正如习近平总书记所说，三大战略举措对实现全面建成小康社会目标一个都不能缺。不全面深化改革，发展就缺少动力；不全面依法治国，国家就不能有序运行；不全面从严治党，党就难以发挥领导核心作用。正是在这个意义上说，"四个全面"战略布局是实现中华民族伟大复兴中国梦的重要保障。

用新发展理念推动民族复兴事业大发展。历史和实践表明，发展是不断变化的过程，发展环境不会一成不变，发展条件不会一成不变，发展理念也不会一成不变。党的十八大以来，以习近平同志为核心的党中央提出创新、协调、绿色、开放、共享的新发展理念，向世界展示了"十三五"乃至更长时期中国发展的新思路、新方向和着力点。近年来，全党上下把思想和行动统一到新发展理念上来，坚定不移地贯彻执行新发展理念，形成崇尚创新、注重协调、倡导绿色、厚植开放、推进共享的良好氛围，健全完善贯彻落实新发展理念的体制机制，有力推动经济社会持续健康稳定发展。据权威统计，党的十八大以来的五年，我国经济保持中高速增长，在世界主要国家中名列前茅，国内生产总值从54万亿元增长到80万亿元，稳居世界第二，对世界经济增长贡献率超过30%；数字经济等新兴产业蓬勃发展，高铁、公路、桥梁、港口、机场等基础设施建设快速推进；粮食生产能力达到1.2万亿斤；城镇化率年均提高1.2个百分点，8000多万农业转移人口成为城镇居民；6000多万贫困人口稳定脱贫，贫困发生率从10.2%下降到4%以下……这一组组靓丽的数字，充分显示了中国经济社会发展取得的巨大成就。

用全面深化改革撬动民族复兴事业的车轮。党的十八大以来的全面深化改革，是"四个全面"战略布局中具有突破性和先导性的关键环节。以习近平同志为核心的党中央高举改革开放旗帜，以更大的政治勇气和政治智慧推进改革，用全局观念和系统思维谋划改革。党的十八届三中全会对全面深化改革作出总部署、总动员，勾画出全面深化改革的时间表、路线图，吹响了改革开放新的进军号角，新一轮改革大潮涌起。五年来，社会主义中国在经济、政治、文化、社会、生态文明及党的建设等各领域的改革不断提速，改革举措出台的数量之多、力度之大前所未有。

在推动法治改革方面，严格执行领导干部干预司法活动的记录通报和责任追究规定，防止把党的领导作为个人以言代法、以权压法、徇私枉法的挡箭牌；贯彻以人民为中心的发展思想，紧紧依靠人民群众推进依法治国，深化立法、执法、司法公开，拓宽人民群众参与、表达、监督渠道，更加注重广纳群言、广集众智、广用民力，使法治建设深深扎根于人民创造性实践中；用立法保障人民群众合法权益，加强人权司法保障。

在繁荣发展文化方面，推出300多项文化体制改革举措，重点难点改革实现突破，基础性制度改革框架基本确立；推动文化事业全面繁荣，完善公共文化服务体系，深入实施文化惠民工程，丰富群众性文化活动；推动文化产业快速发展，健全现代文化产业体系和市场体系，创新生产经营机制，完善文化经济政策，培育新型文化业态；扩大中华文化影响，加强中外人文交流，以我为主、兼收并蓄；推进国际传播能力建设，讲好中国故事，展现真实、立体、全面的中国，提高国家文化软实力。

在推动生态文明建设方面，建立健全自然资源资产产权制度，建立国土空间开发保护制度，完善生态文明绩效评价考核和责任追究制度等制度；出台被称为"史上最严"的新《环境保护法》，加强对环境违法犯罪打击力度。加强生态环保执法监管力度，启动大气污染防治强化督查；积极参与国际治理，签署《联合国气候变化框架公约》，为应对全球气候变化作出突出贡献；中国绿色发展为世界贡献了中国方案，联合国环境规划署发布《绿水青山就是金山银山：中国生态文明战略与行动》报告；中国的生态文明建设理念和经验，正在为全世界可持续发展提供重要借鉴。

诸如此类成绩举不胜举，不再一一叙述。总括起来，全面深化改革实施以来的几年，党中央共审议通过360多个重大改革方案，中央和国家有关部门共出台1500多项改革举措，重要领域大部分已经落地，"四梁八柱"的改革主体框架已基本确立，司法体制、农村土地"三权分置"、户籍制度、考试招生制度、公立医院、生态环保等关系民生的改革举措纷纷落地，人民群众的获得感不断增强。

党的十八大以来，民族伟大复兴事业之所以取得重大进展，原因是多方面的，最主要的因素就是毫不动摇全面加强党的领导、全面从严治党。办好中国的事情，关键在党。毫不动摇全面加强党的领导，增强党的凝聚力、战斗力和领导力、号召力。党的领导是历史和人民的选择，是中国特色社会主义的最本质特征和最大优势。党的十八大以来，中国各个领域的改革与发展，都同党的坚强领导分不开。五年来，党中央的权威显著增强，个人服从组织、少数服从多数、下级服从上级、全党服从中央的意识大大加强，各级党组织及广大党员的政治意识、大局意识、核心意识、看齐意识更为牢固，党中央决策的贯彻落实力度明显加大，集中统一领导有了实质性突破。所有这一切表明，党总揽全局、协调各方的领导核心作用和地位更加巩固，党凝心聚力共创伟业的领导力更加高超。五年来，党中央坚持全面从严治党，着力解决人民群众反映最强烈、对党的执政基础威胁最大的突出问题，坚持反腐败零容忍全覆盖，"打虎""拍蝇""猎狐"毫不含糊，形成了反腐败斗争压倒性态势；强调严肃党内政治生活，净化党内政治生态，建设优良的党内政治文化；严格落实主体责任、完善监督体系，探索建立容错纠错机制，充分调动广大党员干部的积极性、主动性、创造性。所有这些重大举措，极大地净化了党内政治生态，赢得了党心民心，为开创党和国家事业新局面提供了重要保证。

党的十八代以来的五年，是站在新的历史起点的五年，是中国发生着历史性变革的五年，也是取得历史性成就的五年。伟大的成就与深刻的变革充分表明，近代以来久经磨难的中华民族实现了从站起来、富起来到强起来的历史性飞跃，社会主义在中国焕发出强大生机活力并不断开辟发展新境界，中国特色社会主义拓展了发展中国家走向现代化的途径，中华民族伟大复兴的目标离中国人越来越近。

（三）实现中华民族伟大复兴新的战略部署

伴随着党和国家事业发生历史性变革，中国特色社会主义进入了新时代。站在新时代，中国比历史上任何时期都更接近、更有信心和能力实现中华民族伟大复兴的目标。当然，这并不说我们可以坐以等待，可以毫不费力地实现中华民族伟大复兴目标。正如习近平总书记所指出："行百里者半九十。中华民族伟大复兴，绝不是轻轻松松、敲锣打鼓就能实现的。必须准备付出更为艰巨、更为艰苦的努力。"这是对所有共产党人的告诫。

那么，为什么说离目标越来越近，阻力和困难却越来越多，需要付出的努力和艰苦却越来越大呢？这可以从三个方面来理解。

一方面，当今世界面临很多不稳定不确定性因素，如世界经济增长动能不足，贫富分化日趋严重，地区热点问题不断，局部战争依然存在，恐怖袭击阴霾笼罩世界，人类面临着许多共同挑战。解决这些问题，离不开中国的参与。尤其是随着中国日益强大并开始走近世界舞台中心，中国对现有国际格局产生重大影响，国际社会期待中国在更多领域承担更多责任。但是，有少数国家不愿看到中国发展崛起，千方百计对中国进行防范与遏制。面对如此复杂的国际环境，如何更好地统筹国际国内两个大局，在激烈多变的国际社会中赢得主动，不断开拓中国发展空间？如何更好地参与全球治理，不断扩大国际规则的制定权和话语权，既捍卫自身权益又维护世界和平发展？如何更好地与相关国家和国际组织合作，共同防范恐怖主义等非传统安全问题，应对全球气候变化等问题，构建人类命运共同体？

另一方面，中国改革已进入深水区，经济发展进入新常态，世界经济复苏依然艰难曲折，需求动力减弱和成本推动共同作用，我国经济运行下行压力加大。结构调整任务十分艰巨，部分行业产能过剩问题突出，农业基础地位不够牢固，现代农业建设任务艰巨，保障国家粮食安全和主要农产品供给的任务更加艰巨。农民增收的基础很不牢固，农村基础设施建设和社会事业发展滞后。财政收支矛盾比较突出，财政收入增速放缓，政府刚性支出增加。民生领域面临很多挑战：教育领域存在一些热点和难点问题，义务教育阶段择校现象、减轻中小学生过重课业负担、"应试教育"倾向、随迁子女和农村留守儿童教育、高考改革等问题，对这些问题社会高度关注，群众反映十分强烈。制约发展的体制机制障碍较多，市场机制需要进一步完善，非公经济发展的环境有待改善，财税体制改革需要加快。与当前不断发展变化的新形势、新任务、新要求相比，政府改革和建设仍然存在一些不相适应的方面和需要改进的地方。如何破解前进道路上面临的各种难题？如何有效应对重大挑战、抵御重大风险、克服重大阻力、解决重大矛盾？

再一方面，党的十八大以来，全面从严治党取得的成效卓著，党内政治生活气象更新，党内政治生态明显好转。但是，也应清醒地看到，虽然党内存在的突出矛盾和问题很多得到了有效解决，但一些问题依然存在，一些问题解决得还不彻底，一些问题还可能再冒出来，必须继续努力，不断从思想上、政治上、组织上、作风上、制度上防范和解决党内存在的突出矛盾和问题。特别是要看到，新的历史条件下，国际国内形势发生了很大变化，我们党面临的执政环境和执政条件发生了很大变化，党面临的"四大考验""四种危险"是长期的、复杂的、严峻的。要把党内存在的突出矛盾和问题解决好，要有效化解党面临的重大挑战和危险，很重要的一条就是要完善规范、健全制度，扎紧制度的笼子，既使已经发生的突出矛盾和问题得到更加深入有效的解决，又有效防范新的矛盾和问题滋生蔓延、有效防范已经解决的矛盾和问题反弹复发。如何推动全面从严治党向纵深发展？如何构建不敢腐、不能腐、不想腐的体制机制？

这三个方面的问题与挑战，是实现中华民族伟大复兴道路上无法回避的，对伟大目标的实现具有重大而直接的影响。应对和解决这些问题，必须付出更大的艰苦和努力，想出更新更好的办法，制定出更科学更实用的战略。

党的十九大站在新的历史起点上，揭示了伟大斗争、伟大工程、伟大事业、伟大梦想之间的内在联系，深刻回答了什么是新时代党的历史使命、怎样实现新时代党的历史使命这一重大理论与实践问题，把党对历史使命的认识提升到新的历史高度，为实现中华民族伟大复兴进行了战略部署。

实现伟大梦想，必须进行伟大斗争。社会是在矛盾运动中前进的，有矛盾就会有斗争。我们党要团结带领人民有效应对重大挑战、抵御重大风险、克服重大阻力、解决重大矛盾，必须进行具有许多新的历史特点的伟大斗争，任何贪图享受、消极懈怠、回避矛盾的思想和行为都是错误的。全党要更加自觉地坚持党的领导和我国社会主义制度，坚决反对一切削弱、歪曲、否定党的领导和我国社会主义制度的言行；更加自觉地维护人民利益，坚决反对一切损害人民利益、脱离群众的行为；更加自觉地投身改革创新时代潮流，坚决破除一切顽瘴痼疾；更加自觉地维护我国主权、安全、发展利益，坚决反对一切分裂祖国、破坏民族团结和社会和谐稳定的行为；更加自觉地防范各种风险，坚决战胜一切在政治、经济、文化、社会等领域和自然界出现的困难和挑战。全党要充分认识这场伟大斗争的长期性、复杂性、艰巨性，发扬斗争精神，提高斗争本领，不断夺取伟大斗争新胜利。

实现伟大梦想，必须建设伟大工程。这个伟大工程就是我们党正在深入推进的党的建设新的伟大工程。历史已经并将继续证明，没有中国共产党的领导，民族复兴必然是空想。我们党要始终成为时代先锋、民族脊梁，始终成为马克思主义执政党，自身必须始终过硬。全党要更加自觉地坚定党性原则，勇于直面问题，敢于刮骨疗毒，消除一切损害党的先进性和纯洁性的因素，清除一切侵蚀党的健康肌体的病毒，不断增强党的政治领导力、思想引领力、群众组织力、社会号召力，确保我们党永葆旺盛生命力和强大战斗力。

实现伟大梦想，必须推进伟大事业。中国特色社会主义是改革开放以来党的全部理论和实践的主题，是党和人民历尽千辛万苦、付出巨大代价取得的根本成就。中国特色社会主义道路是实现社会主义现代化、创造人民美好生活的必由之路，中国特色社会主义理论体系是指导党和人民实现中华民族伟大复兴的正确理论，中国特色社会主义制度是当代中国发展进步的根本制度保障，中国特色社会主义文化是激励全党全国各族人民奋勇前进的强大精神力量。全党要更加自觉地增强道路自信、理论自信、制度自信、文化自信，既不走封闭僵化的老路，也不走改旗易帜的邪路，保持政治定力，坚持实干兴邦，始终坚持和发展中国特色社会主义。

伟大斗争，伟大工程，伟大事业，伟大梦想，紧密联系、相互贯通、相互作用，其中起决定性作用的是党的建设新的伟大工程。推进伟大工程，要结合伟大斗争、伟大事业、伟大梦想的实践来进行，确保党在世界形势深刻变化的历史进程中始终走在时代前列，在应对国内外各种风险和考验的历史进程中始终成为全国人民的主心骨，在坚持和发展中国特色社会主义的历史进程中始终成为坚强领导核心。

使命呼唤担当，使命引领未来。在新时代中国特色社会主义的伟大实践中，以党的坚强领导和顽强奋斗，激励全体中华儿女不断奋进，凝聚起同心共筑中国梦的磅礴力量！用中国精神团结凝聚海内外中华儿女，是实现中华民族伟大复兴中国梦的力量源泉。伟大的梦想，呼唤着伟大的精神。中华民族伟大复兴中国梦不仅意味着物质上的强大，而且还要有强大的精神。以爱国主义为核心的民族精神和以改革创新为核心的时代精神，是凝心聚力的兴国之魂、强国之魂。在中华民族伟大复兴的关键时期，必须大力弘扬伟大的民族精神和时代精神，振奋全民族的精气神，把13亿多中国人的积极性调动起来，万众一心，朝着共同的梦想一起使劲。同时，实现中华民族伟大复兴，也是海内外中华儿女共同的梦想，用爱国主义精神凝聚团结广大海外同胞，充分发挥他们的智力资源和经济资源优势，为实现中华民族伟大复兴中国梦汇集更大的力量。

宏伟蓝图与战略部署，都只是推动伟大事业、实现伟大梦想的第一步。如果仅仅停留于此，那再宏伟的蓝图也只是空想，再美好的梦想也难以变为现实。正如习近平总书记所指出："面向未来，全面建成小康社会要靠实干，基本实现现代化要靠实干，实现中华民族伟大复兴要靠实干。"因而，在日益接近实现中华民族伟大复兴目标的伟大时代，广大党员干部尤其是各级领导干部应带头发扬实干精神，出实策、鼓实劲、办实事，不动摇、不懈怠、不折腾，顽强奋斗、艰苦奋斗、接力奋斗。唯有如此，实现中华民族伟大复兴中国梦就指日可待了。

站在历史与未来的交汇点上，今天的中国正处在实现伟大梦想的最为关键时期，比历史上任何时期更接近中华民族伟大复兴的目标。展望未来，唯有更加紧密团结在以习近平同志为核心的党中央周围，凝心聚力、砥砺前行，才能不断续写进行伟大斗争、建设伟大工程、推进伟大事业、实现伟大梦想的壮丽篇章；中国特色社会主义才能不断开创新局面、创造新辉煌，才能不断为世界发展提供新经验、作出新贡献。

四、新思想：习近平新时代中国特色社会主义思想

推动指导思想的与时俱进，是中国共产党的优良传统与优秀品质。在马克思主义光辉文献——党的十九大报告中，习近平总书记深刻指出，围绕面临的重大时代课题，中国共产党"坚持以马克思列宁主义、毛泽东思想、邓小平理论、'三个代表'重要思想、科学发展观为指导，坚持解放思想、实事求是、与时俱进、求真务实，坚持辩证唯物主义和历史唯物主义，紧密结合新的时代条件和实践要求，以全新的视野深化对共产党执政规律、社会主义建设规律、人类社会发展规律的认识，进行艰辛理论探索，取得重大理论创新成果，形成了新时代中国特色社会主义思想"。这里第一次把党的理论创新成果概况为新时代中国特色社会主义思想。随后，党的十九大通过的党章修正案把习近平新时代中国特色社会主义思想确立为党的行动指南，实现了党的指导思想又一次与时俱进。

无论是学习理解这个新思想，还是贯彻落实这个新思想，都必须要弄清几个基本问题：习近平新时代中国特色社会主义思想是如何形成的？它的提出具有哪些重要意义？怎样把握它的思想实质与内涵？如何用这个新思想武装全体党员的头脑？

（一）新思想的形成及其深远意义

习近平新时代中国特色社会主义思想是马克思主义中国化最新理论成果，其形成有着深厚的理论基础、实践基础与时代要求，同时也离不开全党尤其是习近平总书记的开拓创新精神以及他个人所作出的决定性贡献。

1. 新思想的理论源头与理论基础

90 多年来，党所以能够不断发展壮大，所以能够带领人民创造举世瞩目的伟业，一个根本原因，就在于始终坚持科学理论的指导，坚持把马克思主义基本原理同中国革命、建设、改革的具体实际相结合，不断推进马克思主义中国化，实现了党的指导思想和基本理论的与时俱进。以毛泽东同志为主要代表的中国共产党人，经过艰辛探索，在总结中国革命正反两方面经验的基础上找到了中国新民主主义革命的正确道路，并在新民主主义革命胜利后适时进行社会主义革命，积极探索适合中国国情的社会主义建设道路，创立和发展了毛泽东思想，开启和推动了马克思主义中国化的历史进程。以邓小平同志为主要代表的中国共产党人，在总结新中国成立以后正反两方面经验的基础上，在研究国际经验和世界形势的基础上，在改革开放的崭新实践中，开辟了中国特色社会主义道路，创立了邓小平理论，实现了党的指导思想和基本理论的与时俱进。以江泽民同志为主要代表的中国共产党人，深刻认识和准确把握世情、国情、党情的发展变化，在实践中积累了治党治国治军新的宝贵经验，形成了"三个代表"重要思想，实现了党的指导思想和基本理论的又一次与时俱进。以胡锦涛同志为主要代表的中国共产党人，顺应国内外形势发展变化，发扬求真务实、开拓进取精神，继续推进理论创新和实践创新，形成了以人为本、全面协调可持续发展的科学发展观，在党的指导思想和基本理论的与时俱进上迈出了新步伐。

归结起来说，党始终坚持把马克思主义基本原理同中国具体实际相结合，推进马克思主义中国化产生了两大理论体系，这就是毛泽东思想和包括邓小平理论、"三个代表"重要思想以及科学发展观在内的中国特色社会主义理论体系。马克思主义中国化的这两大理论体系，是党最可宝贵的政治和精神财富，是党的一切思想理论创新发展的源泉与基础。习近平新时代中国特色社会主义思想就是在继承这些理论成果的基础上，结合新时代中国特色社会主义新的实际，创造性地回答了新时代提出的新课题，极大地丰富和发展了当代中国化马克思主义。

2. 新思想的实践基础与时代要求

经过长期努力，中国特色社会主义进入了新的时代。这是世情国情党情变化的必然结果，是社会主义矛盾运动的必然结果，是中国共产党人带领全国各族人民长期不懈奋斗的结果。进入新时代，是我国发展新的历史方位，也是习近平新时代中国特色社会主义思想产生的实践基础、时代背景。毫无疑问，这个新时代既与改革开放近40年来的发展一脉相承，又有很大的不同，面临许多新情况新问题新变化：（1）党的十八大以来，在新中国成立特别是改革开放以来我国发展取得重大成就基础上，党和国家事业发生历史性变革，我国发展站在新的历史起点上，新时代需要新气象新作为；（2）当今世界正进入大变革大调整时期，人类面临着千年未有之变局，如何在乱局中保持定力、在变局中抓住机遇，对党更好地统筹国际国内两个大局提出了更高的要求；（3）与以往相比，党执政面临的社会环境和现实条件发生了深刻变化，发展理念和方式有重大变化，发展水平和要求更高；（4）经历多年经济快速发展之后，我国社会的主要矛盾已发生深刻变化，已转化为人民日益增长的美好生活需要和不平衡不充分的发展之间的矛盾，经济建设仍然是中心任务，但需要更加注重全面协调可持续发展，需要着力解决发展不平衡不充分问题；（5）经过党的十八大以来全面从严治党，党内政治生态已开始出现好转，但是党性不纯、作风不正、思想不牢、组织涣散、纪律不严等问题没有根除，党内的一些问题仍然有反弹的可能，对推进全面从严治党向纵深发展提出更高的要求；（6）从党的十九大到二十大，是"两个一百年"奋斗目标的历史交汇期，我们要在全面建成小康社会、实现第一个百年目标之后，开始向第二个百年目标进军，全面建设社会主义现代化强国。

时代是思想之母，实践是理论之源。新时代出现的这些新情况新变化，给党提出了一个崭新而重大的课题，那就是必须从理论和实践结合上系统回答在新的时代条件下坚持和发展什么样的中国特色社会主义、怎样坚持和发展中国特色社会主义。以习近平同志为核心的党中央围绕回答这一重大理论和实践问题，逐步形成了习近平新时代中国特色社会主义思想。由此可见，十八大以来国内国外、党内党外情况的深刻变化和我国各项事业快速发展，催生了习近平新时代中国特色社会主义思想；反过来，习近平新时代中国特色社会主义思想的形成，回答了实践和时代提出的新课题，解答了人们的思想困惑，也为党和国家各项事业开新局、谱新篇提供了科学指南。

3. 新思想的形成主要归功于习近平

任何新的思想与理论的形成与提出，都离不开前人的探索和积累，更离不开实践以及所处的那个时代，也同样离不开理论的创立者本人所作的决定性贡献。马克思列宁主义、毛泽东思想、邓小平理论、"三个代表"重要思想、科学发展观是这样，习近平新时代中国特色社会主义思想也是这样。习近平新时代中国特色社会主义思想作为马克思主义中国化最新成果，是党和人民实践经验和集体智慧的结晶，是中国特色社会主义理论体系的重要组成部分。之所以冠以习近平的名字，是因为这一思想的主要创立者是他本人。党的十八大以来，习近平总书记以非凡的政治智慧、顽强的意志品质、强烈的历史担当，团结带领全党全国各族人民进行具有许多新的历史特点的伟大斗争，统筹推进"五位一体"总体布局，协调推进"四个全面"战略布局，推动改革开放和社会主义现代化建设取得新的重大成就，推动党和国家事业全面开创新局面、发生历史性变革，赢得全党全军全国各族人民高度评价和衷心爱戴，成为党中央的核心、全党的核心，成为党的领袖、人民的领袖。在领导党和国家事业发展伟大实践中，习近平总书记以马克思主义政治家、理论家、思想家的深刻洞察力、敏锐判断力和战略定力，提出了一系列具有开创性意义的新理念新思想新战略，为新时代中国特色社会主义思想的创立发挥了决定性作用、作出了决定性贡献。

党的十九大提出习近平新时代中国特色社会主义思想，并把它与毛泽东思想、邓小平理论、"三个代表"重要思想、科学发展观一道确立为党的指导思想，是历史逻辑、理论逻辑、实践逻辑的必然结果，符合党心民心军心，具有重大的理论意义、政治意义以及深远的历史意义。

它继承了马克思主义基本原理，又成功地开辟了马克思主义新境界。习近平新时代中国特色社会主义思想贯穿改革发展稳定、内政外交国防、治党治国治军各个领域，既坚持了"老祖宗"，又谱写了新篇章，实现了马克思主义基本原理与中国具体实际相结合的又一次飞跃，是21世纪中国的马克思主义，是马克思主义中国化最新成果，为发展马克思主义作出了中国的原创性贡献，在马克思主义中国化进程中作出了历史性贡献。

它植根于中国特色社会主义，又成功地开辟了中国特色社会主义新境界。习近平新时代中国特色社会主义思想把中国特色社会主义和实现社会主义现代化、实现中华民族伟大复兴有机贯通起来，深刻回答了新时代坚持和发展什么样的中国特色社会主义、怎样坚持和发展中国特色社会主义等一系列重大问题，为中国特色社会主义注入了新的科学内涵，进一步增强了新时代中国特色社会主义的蓬勃生机和活力。

它源于党和国家事业伟大实践，又成功开辟了治国理政新境界。习近平新时代中国特色社会主义思想源于实践，又指导推动实践发展。在这一思想的指引下，以习近平同志为核心的党中央团结带领人民推动党和国家事业发生了全方位、开创性、深层次、根本性的历史性变革，解决了许多长期想解决而没有解决的难题，办成了许多过去想办而没有办成的大事，我国经济实力、科技实力、国防实力、综合国力、国际影响力和人民获得感显著提升，党的面貌、国家的面貌、人民的面貌、军队的面貌、中华民族的面貌发生了前所未有的变化。

它吸收了全面从严治党的新经验，又成功开辟了管党治党新境界。在习近平新时代中国特色社会主义思想指导下，中国共产党以坚强的决心、空前的力度，推进全面从严治党，坚持思想从严、管党从严、执纪从严、治吏从严、作风从严、反腐从严，管党治党实现从宽松软到严紧硬的深刻转变，消除了党和国家内部存在的严重隐患，党内政治生活气象更新，积极健康的党内政治文化得到弘扬，党内政治生态明显好转，党的创造力、凝聚力、战斗力和领导力、号召力显著增强，党的团结统一更加巩固，党的全面领导更加有力量，党群关系明显改善，党在各种考验中锻造得更加坚强，焕发出新的强大生机活力。

实践没有止境，理论创新也没有止境。习近平新时代中国特色社会主义思想的形成与提出，并不意味着党的理论创新和实践创新达到了一个终点，而是表明马克思主义中国化达到了一个新的历史起点。世界每时每刻都在发生变化，中国也每时每刻都在发生变化，必须时刻在理论上跟上时代的步伐，不断深化对人类发展规律的认识，不断深化对中国特色社会主义建设规律的认识，不断深化对党的执政规律的认识，不断推进理论创新、实践创新、制度创新、文化创新以及其他各方面创新，不断开创马克思主义中国化新境界，才能使得21世纪中国的马克思主义展现出更强大、更有说服力的真理力量。

（二）新思想的要义、内涵与特质

习近平新时代中国特色社会主义思想是马克思主义中国化最新成果，是全党全国人民为实现中华民族伟大复兴而奋斗的行动指南。它既传承前人又创新发展，既源于实践又高于实践，其内核主旨清晰，其内涵博大精深，其时代特征鲜明。

1. 新思想的核心要义

简单地说，坚持和发展中国特色社会主义，是改革开放以来我们党全部理论和实践的鲜明主题，也是习近平新时代中国特色社会主义思想的核心要义。党的十八大以来，党的全部理论和实践探索都是围绕这个主题来展开、深化和拓展的。正如习近平总书记指出："坚持和发展中国特色社会主义是一篇大文章，邓小平同志为它确定了基本思路和基本原则，以江泽民同志为核心的党的第三代中央领导集体、以胡锦涛同志为总书记的党中央在这篇大文章上都写下了精彩的篇章。现在，我们这一代共产党人的任务，就是继续把这篇大文章写下去。"在领导党和国家事业发展实践中，习近平总书记从理论渊源、历史根据、本质特征、独特优势、强大生命力等多方位多角度，对坚持和发展什么样的中国特色社会主义、怎样坚持和发展中国特色社会主义这两个基本问题作出了科学深刻的回答。对于前一个问题，习近平总书记反复强调，中国特色社会主义是既坚持科学社会主义基本原则，又具有鲜明实践特色、理论特色、民族特色、时代特色的社会主义，是中国特色社会主义道路、理论、制度、文化四位一体的社会主义，是统揽伟大斗争、伟大工程、伟大事业、伟大梦想的社会主义，是根植于中国大地、反映中国人民意愿、适应中国和时代发展进步要求的社会主义。

对后一个问题，即怎样坚持和发展中国特色社会主义，习近平总书记则用一系列战略性、前瞻性、创造性的观点，科学深刻地回答了新时代坚持和发展中国特色社会主义的总目标、总任务、总体布局、战略布局和发展方向、发展方式、发展动力、战略步骤、外部条件、政治保证等基本问题。这些重大思想观点，在理论上实现了突破、创新与发展，深刻地揭示了新时代中国特色社会主义的本质特征、发展规律和建设路径，为在新的时代条件下坚持和发展中国特色社会主义提供了科学的理论指引。把握住了这个核心要义，就把握住了习近平新时代中国特色社会主义最本质的东西，就把握住了改革开放以来党的理论创新成果的历史逻辑与内在联系。

2. 新思想的内涵

习近平新时代中国特色社会主义思想内涵十分丰富，涵盖了经济、政治、法治、科技、文化、教育、民生、民族、宗教、社会、生态文明、国家安全、国防和军队、"一国两制"和祖国统一、统一战线、外交、党的建设等各方面。其中最重要、最核心的内容就是党的十九大报告概括的"八个明确"。

具体说，这"八个明确"分别是：（1）明确坚持和发展中国特色社会主义，总任务是实现社会主义现代化和中华民族伟大复兴，在全面建成小康社会的基础上，分两步走在本世纪中叶建成富强民主文明和谐美丽的社会主义现代化强国；（2）明确新时代我国社会主要矛盾是人民日益增长的美好生活需要和不平衡不充分的发展之间的矛盾，必须坚持以人民为中心的发展思想，不断促进人的全面发展、全体人民共同富裕；（3）明确中国特色社会主义事业总体布局是"五位一体"、战略布局是"四个全面"，强调坚定道路自信、理论自信、制度自信、文化自信；（4）明确全面深化改革总目标是完善和发展中国特色社会主义制度、推进国家治理体系和治理能力现代化；（5）明确全面推进依法治国总目标是建设中国特色社会主义法治体系、建设社会主义法治国家；（6）明确党在新时代的强军目标是建设一支听党指挥、能打胜仗、作风优良的人民军队，把人民军队建设成为世界一流军队；（7）明确中国特色大国外交要推动构建新型国际关系，推动构建人类命运共同体；（8）明确中国特色社会主义最本质的特征是中国共产党领导，中国特色社会主义制度的最大优势是中国共产党领导，党是最高政治领导力量，提出新时代党的建设总要求，突出政治建设在党的建设中的重要地位。这"八个明确"从新时代坚持和发展中国特色社会主义的总目标、总任务、总体布局、战略布局和发展方向、发展方式、发展动力、战略步骤、外部条件、政治保证等基本问题破题，阐明了习近平新时代中国特色社会主义思想的深刻内涵，充分体现了理论创新在历史与现实、理论与实践方面的有机结合，把在新时代坚持和发展什么样的中国特色社会主义这一重大问题具体化了，是一个系统完备、逻辑严密、内在统一的科学体系。

除上述"八个明确"之外，新时代坚持和发展中国特色社会主义的十四条基本方略，也是习近平新时代中国特色社会主义思想的重要组成部分。这十四条基本方略涵盖了坚持党对一切工作的领导、坚持以人民为中心、坚持全面深化改革、坚持新发展理念、坚持人民当家作主、坚持全面依法治国、坚持社会主义核心价值体系、坚持在发展中保障和改善民生、坚持人与自然和谐共生、坚持总体国家安全观、坚持党对人民军队的绝对领导、坚持"一国两制"和推进祖国统一、坚持推动构建人类命运共同体、坚持全面从严治党等各个方面，体现了党的基本纲领、基本经验、基本要求的内涵。它们彼此依存、相互关联协调、不可分割的关系，形成了一个整体，构成习近平新时代中国特色社会主义思想的方略体系。

3. 新思想的理论特色

习近平新时代中国特色社会主义思想在形成和发展过程中，得到了全党全国各族人民的高度认同，并在实践中发挥了巨大指导作用，根本原因就在于，它继承和发扬马克思主义理论品质，贯穿坚定信仰信念、鲜明人民立场、强烈历史担当、求真务实作风、勇于创新精神和科学方法论，呈现出当代中国马克思主义的鲜明理论特色。

（1）坚守真理、传承文明的继承性。习近平新时代中国特色社会主义思想没有丢掉"老祖宗"，始终坚持马克思主义立场观点方法，处处闪耀着马克思主义真理光辉。特别是在许多重大原则问题上旗帜鲜明坚持和捍卫马克思主义，理直气壮驳斥各种奇谈怪论。这一思想继承和吸收中华民族优秀传统文化，蕴含着丰富的中华民族价值共识、精神追求、政治智慧、历史经验。这一思想，充分吸收人类文明有益成果，积极借鉴别国治国理政经验，展现出宽广视野和博大胸怀。

（2）与时俱进、引领未来的创新性。习近平新时代中国特色社会主义思想以党正在做的事情为中心，直面前进道路上的各种困难和矛盾、风险和挑战，着力探索破解难题、推进事业发展的新理念新思想新战略，讲了许多老祖宗没有讲过的新话，具有强烈的时代气息和现实针对性。这一思想洞察时代风云，把握时代大势，站在人类发展前沿引领时代潮流，积极探索关系人类前途命运的重大问题，为应对当今世界面临的全球性挑战、解决人类面临的共性问题贡献中国智慧和中国方案。

（3）不忘初心、践行宗旨的人民性。习近平新时代中国特色社会主义思想坚持人民主体地位，尊重人民首创精神，注重从人民群众中汲取智慧和力量，时刻关注人民群众的喜怒哀乐，体现了亲民、爱民、忧民、为民的真挚情怀。这一思想坚持把人民对美好生活的向往作为奋斗目标，把让老百姓过上好日子作为全部工作的出发点和落脚点，始终为人民代言、为人民立言，充分体现了立党为公、执政为民的执政理念，体现了为中国人民谋幸福、为中华民族谋复兴的使命担当，体现了人民至上的价值追求。

（4）实事求是、把握规律的科学性。习近平新时代中国特色社会主义思想立足社会主义初级阶段这个最大实际，准确把握我国发展的阶段性特征和我国社会主要矛盾的新变化，坚持一切从实际出发，勇于破除一切不合时宜的思想观念和体制机制弊端。这一思想积极探索规律、自觉遵循规律，按照客观规律要求谋划事业发展，正确处理尊重客观规律与发挥主观能动性的关系，使我们党对共产党执政规律、社会主义建设规律、人类社会发展规律的认识达到了新的高度。

总之，继承性、创新性、人民性、科学性是习近平中国特色社会主义思想的基本特色，也是一切具有强大生命力的思想理论的共同特质。把握住了这些基本理论特色，有助于理解习近平新时代中国特色社会主义思想的精神实质与丰富内涵。

（三）用新思想武装全党的头脑

理论创新每前进一步，理论武装就要跟进一步。新时代新任务新实践需要新的思想来指引。实现新时代党的历史使命，统揽伟大斗争、伟大工程、伟大事业、伟大梦想，决胜全面建成小康社会、夺取新时代中国特色社会主义伟大胜利，必须用党的最新理论成果武装全党、指导实践、推动工作。党的十九大把习近平新时代中国特色社会主义思想确立为党的指导思想，具有划时代的重大意义。习近平总书记所作的党的十九大报告明确指出，要用新时代中国特色社会主义思想武装全党。这为当前和今后加强党的理论武装工作提出了明确要求、指明了方向。

加强党的理论武装，首要的就是用习近平新时代中国特色社会主义思想教育党员干部，加强党员干部学习教育培训。革命理想高于天。共产主义远大理想和中国特色社会主义共同理想是共产党人的精神支柱和政治灵魂。坚定理想信念是党的思想建设的首要任务。用习近平新时代中国特色社会主义思想武装全党，是党员干部补钙壮骨、固本培元的基础工程。要搞好这项基础工程，必须抓好党员干部学习教育培训。

具体来说，需要做好四个方面的工作。

（1）始终把集中教育和经常性教育结合起来。坚持不懈地抓好全党习近平新时代中国特色社会主义思想学习教育，必须按照中央统一部署，以县处级以上领导干部为重点，在全党开展"不忘初心、牢记使命"主题教育，切实推动用习近平新时代中国特色社会主义思想武装全体党员的头脑。各级党组织应精心谋划、精心组织，聚焦主题、创新方式，通过专题学习、研讨交流、主题党课等形式，组织广大党员干部深入学习领会习近平新时代中国特色社会主义思想，进一步筑牢同以习近平同志为核心的党中央保持高度一致的思想根基，推动广大党员干部把忠诚核心、拥戴核心、维护核心的要求转化为思想自觉、党性观念、纪律要求、行为规范。要持之以恒抓好经常性学习教育，组织编写习近平新时代中国特色社会主义思想学习读本，把学习贯彻习近平新时代中国特色社会主义思想作为"两学一做"学习教育常态化制度化的主要内容，抓在经常、融入日常，推动党员干部真正学有所思、学有所悟、学有所获。

（2）始终把思想理论武装与干部教育培训结合起来。各级党组织必须始终把习近平新时代中国特色社会主义思想作为中心内容，用以加强各类各级干部教育培训。紧跟党的理论创新步伐，抓好党的理论创新成果的学习，始终是干部教育培训第一位的任务。要把学习贯彻习近平新时代中国特色社会主义思想作为干部教育培训重中之重，作为各级党校、行政学院、干部学院主课，纳入培训计划和教学布局，办好重点班次，分类分级抓好干部理论武装。坚持读原著、学原文、悟原理，紧密联系党的十八大以来党实践探索和理论创新的光辉历程，把学习党的十九大精神同学习习近平总书记系列重要讲话结合起来，既从总体上把握习近平新时代中国特色社会主义思想的科学体系和思想精髓，又从各个领域深入理解其基本内涵和基本要求，增强学习贯彻的理论深度、实践力度和情感温度。加强理论教学骨干师资培养，组织开发精品课程教材，搭建理论学习网络平台，推动习近平新时代中国特色社会主义思想进课堂进教材进头脑。深入研究理论教育的特点和规律，探索新路径新办法，不断增强理论教育的吸引力感染力说服力。

（3）始终把抓好"关键少数"与发挥示范引领结合起来。在学习贯彻习近平新时代中国特色社会主义思想中，各级党组织应充分发挥领导干部这个"关键少数"的示范引领作用。领导干部岗位重要、责任重大，在学习贯彻习近平新时代中国特色社会主义思想上要有更高的标准、更严的要求。要重点抓好集中轮训，分期分批把县处级以上领导干部培训一遍，确保全员覆盖、扎实有效。要发挥各级党委（党组）中心组理论学习的龙头作用，坚持理论性、突出针对性、讲求实效性，努力打造学习习近平新时代中国特色社会主义思想的"示范班"。各级领导干部要提高政治站位，以身作则、率先垂范，带着深厚的感情学、带着执着的信念学、带着实践的要求学，自觉做习近平新时代中国特色社会主义思想的坚定信仰者、忠实实践者。要切实承担起学习贯彻的领导责任，精心组织、加强指导，同党员干部一起学习交流、一起调查研究、一起谋划工作，帮助大家深刻理解习近平新时代中国特色社会主义思想的政治意义、理论意义、实践意义和方法论意义，准确把握基本观点、精神实质、核心要义，做到学而信、学而用、学而行。

（4）始终把健全教育培训制度与建立长效机制结合起来。习近平新时代中国特色社会主义思想，是我们党必须长期坚持的指导思想。学习贯彻这一光辉思想是一个持续推进、不断深化的过程，既要靠政治自觉，也要靠制度保障。要坚持和完善干部脱产进修制度，制定新一轮领导干部脱产进修计划，精心组织选调干部参加党校、行政学院、干部学院脱产培训，全面系统学习习近平新时代中国特色社会主义思想。建立健全干部在职自学制度，鼓励和支持干部加强习近平新时代中国特色社会主义思想的学习。完善理论学习考核激励机制，强化述学、评学、考学措施，把学习贯彻习近平新时代中国特色社会主义思想情况作为考核领导班子和衡量领导干部思想政治素质的重要内容。

理论的价值在于指导实践，学习的目的全在于运用。学习习近平新时代中国特色社会主义思想，用它来加强广大党员干部思想理论武装，其目的就是用于改造思想、指导实践、推动工作。这既是理论价值的体现，也是理论生命力的体现。

（1）用习近平新时代中国特色社会主义思想改造主观世界。衡量一名干部是否学懂、悟透、践行习近平新时代中国特色社会主义思想，主要看他是否对这一思想有高度的政治认同、思想认同。同时，还要看他是否自觉运用习近平新时代中国特色社会主义思想指导改造自己的主观世界，对照检视思想言行，解决好世界观人生观价值观这个"总开关"问题，坚定理想信念，牢记党的宗旨，提高政治能力，做到忠诚干净担当，自觉为实现共产主义远大理想和中国特色社会主义共同理想而努力奋斗。

（2）用习近平新时代中国特色社会主义思想指导实践。当前，我国正处于决胜全面小康、夺取新时代中国特色社会主义伟大胜利的关键时期，伟大事业呼唤伟大理论，伟大理论指导伟大实践。广大党员干部要深刻理解和把握习近平新时代中国特色社会主义思想关于决胜全面小康、实现中国梦的新部署新要求，深刻理解和把握党所处的新的历史方位以及我国社会主要矛盾转化、我国社会发展的阶段性特征，紧紧围绕统筹推进"五位一体"总体布局和协调推进"四个全面"战略布局，坚持以人民为中心的发展思想，以新发展理念为引领，推动经济社会持续健康发展，让人民群众得到更多的获得感和幸福感。

（3）用习近平新时代中国特色社会主义思想推动各项工作。以习近平新时代中国特色社会主义思想为指引，保持战略定力，树立问题导向，坚定必胜信心，敢于啃硬骨头、敢于涉险滩，坚决冲破不符合时代进步要求的思想观念束缚，坚决破除利益固化藩篱，坚决清除各方面体制机制障碍，努力在解决改革发展稳定的重大问题、人民群众反映强烈的突出问题上不断取得新突破，不断在全面深化改革、奋力攻坚克难的工作上作出新的实绩，不辜负党的信任，不辜负人民的重托，不辜负时代的责任。

（4）用习近平新时代中国特色社会主义思想指导党的自身建设。推动全面从严治党向纵深发展，不断提高党的执政能力和领导水平，是当前乃至今后党的自身建设的重要工程。搞好这项工程，必须深刻理解和把握习近平新时代中国特色社会主义思想对全面从严治党提出的总要求、作出的新部署、推出的新举措，以党的政治建设为统领，全面加强党的政治建设、思想建设、组织建设、作风建设、纪律建设，把制度建设贯穿其中，深入开展反腐败斗争，不断提高党的建设质量，把党建设得更加朝气蓬勃、坚强有力。

学习贯彻习近平新时代中国特色社会主义思想，用这一思想加强党的思想理论武装工作，是当前和今后一个时期全党的重大政治任务，也是增强政治意识、大局意识、核心意识、看齐意识，维护习近平总书记这个核心、维护党中央集中统一领导，在思想上政治上行动上同以习近平同志为核心的党中央保持高度一致的实际举措。全体党员都应该以高度的使命感和责任感，自觉学习、系统学习、深入学习，深刻领会习近平新时代中国特色社会主义思想的时代背景、科学体系、精神实质、实践要求，深刻领会这一思想的重大政治意义、理论意义、实践意义，不断提高全党马克思主义水平。同时，必须大力弘扬理论联系实际的优良学风，强化问题意识、树立问题导向，着力提高学习本领、政治领导本领、改革创新本领、科学发展本领、依法执政本领、群众工作本领、狠抓落实本领、驾驭风险本领，保持政治定力，坚持实干兴邦，以昂扬的精神状态，努力创造经得起实践、人民、历史检验的新业绩。

五、新方略: 新时代中国特色社会主义的基本方略

党的十九大报告站在中国发展进入新时代的历史方位, 提出了习近平新时代中国特色社会主义思想, 明确指出贯彻落实这一思想的精神实质和丰富内涵, 必须坚持党对一切工作的领导、坚持以人民为中心、坚持全面深化改革、坚持新发展理念、坚持人民当家作主、坚持全面依法治国、坚持社会主义核心价值体系、坚持在发展中保障和改善民生、坚持人与自然和谐共生、坚持总体国家安全观、坚持党对人民军队的绝对领导、坚持"一国两制"和推进祖国统一、坚持推动构建人类命运共同体、坚持全面从严治党。这"十四个坚持"构成了新时代中国特色社会主义的基本方略。深入理解和领会基本方略, 对于我们坚持和发展习近平新时代中国特色社会主义思想, 推动全面建成小康社会和社会主义现代化建设事业, 具有十分重要的意义。

(一)基本方略的理论来源、地位与逻辑关系

新时代中国特色社会主义的基本方略不是凭空产生, 而是中国共产党理论继承创新的产物。改革开放以来, 我们党相继提出了基本理论、基本路线、基本纲领、基本经验、基本要求, 构成了中国特色社会主义的"五个基本", 而党的十九大报告将"五个基本"简化为基本理论、基本路线、基本方略"三个基本"。其中基本理论和基本路线是管长远的, 因此没有改变; 基本纲领、基本经验、基本要求被基本方略所取代。基本方略一方面继承了基本纲领、基本经验、基本要求的内容, 另一方面又随着时代的变化、理论的发展而将基本纲领、基本经验、基本要求加以发展整合, 是我们的理论创新的产物。

新时代中国特色社会主义的基本方略是习近平新时代中国特色社会

主义思想的有机组成部分。党的十九大报告指出："全党要深刻领会新时代中国特色社会主义思想的精神实质和丰富内涵，在各项工作中全面准确贯彻落实。"如何贯彻落实？就是要做到"十四个坚持"。习近平新时代中国特色社会主义思想从理论和实践的结合上，系统回答了新时代坚持和发展什么样的中国特色社会主义；新时代中国特色社会主义的基本方略从理论和实践的贯彻落实上，系统回答了在新时代怎样坚持和发展中国特色社会主义。习近平新时代中国特色社会主义思想是指导思想层面的表述，中国特色社会主义的基本方略则是在行动纲领层面的表述。二者相互贯通、相辅相成、缺一不可。

新时代中国特色社会主义的基本方略，紧紧围绕新时代怎样坚持和发展中国特色社会主义这一重大时代课题，就治党治国治军、改革发展稳定、内政外交国防等各方面作出深刻的理论分析和具体的政策指导，其十四个方面的内容涵盖了党的十八大以来以习近平同志为核心的党中央的理论和实践创新。坚持党对一切工作的领导，是一条根本原则。坚持以人民为中心，是新时代中国特色社会主义基本方略的鲜明政治立场。坚持新发展理念、坚持人民当家作主、坚持社会主义核心价值体系、坚持在发展中保障和改善民生、坚持人与自然和谐共生，体现了我们党统筹推进经济建设、政治建设、文化建设、社会建设、生态文明建设的"五位一体"总体布局。坚持全面深化改革、坚持全面依法治国、坚持全面从严治党，体现了我们党协调推进"四个全面"的战略布局。坚持总体国家安全观、坚持党对人民军队的绝对领导、坚持"一国两制"和推进祖国统一、坚持推动构建人类命运共同体，体现了我们党在国家安全、国防和军队建设、祖国统一大业、对外战略方面的部署。新时代中国特色社会主义基本方略的"十四个坚持"内在逻辑清晰，为新时代中国特色社会主义事业提供了明确的行动纲领。

坚持党对一切工作的领导是新时代中国特色社会主义的根本原则。党政军民学，东西南北中，党是领导一切的。中国共产党是我们事业的坚强领导核心，是全国各族人民团结凝聚的力量核心。中国特色社会主义进入新时代，要有效应对重大挑战、抵御重大风险、克服重大阻力、解决重大矛盾，完成光荣艰巨的新时代历史使命，必须不断强化党的领导。

坚持以人民为中心是新时代中国特色社会主义的政治立场。人民是历史的创造者，是决定党和国家前途命运的根本力量。基本方略强调"坚持以人民为中心"，反映了坚持人民主体地位的内在要求，彰显了人民至上的价值取向，确立了新时代坚持和发展中国特色社会主义必须始终恪守的基本原则。把党的群众路线贯彻到治国理政全部活动之中，把人民对美好生活的向往作为奋斗目标，切实尊重人民主体地位，确保党同人民同呼吸、共命运、心连心，就一定能凝聚起全体人民同心共筑中国梦的磅礴力量，依靠人民创造新的历史伟业。

"五位一体"总体布局是新时代中国特色社会主义的基本立足点。基本方略立足于统筹推进"五位一体"总体布局，结合新时代坚持和发展中国特色社会主义的新要求，扭住重点着力优化。基本方略强调坚持新发展理念、坚持人民当家作主、坚持社会主义核心价值体系、坚持在发展中保障和改善民生、坚持人与自然和谐共生，抓住了社会主义经济、政治、文化、社会、生态文明建设的重点，顺应人民日益增长的美好生活需要，提出更高要求，确立更高标准。

"四个全面"战略布局是新时代中国特色社会主义的战略举措。基本方略从确立改革目标、清除弊端障碍、构建制度体系等方面，强调"坚持全面深化改革"，使中国特色社会主义具有更加强劲的动力；从建设法治国家、法治政府、法治社会，培塑法治信仰、法治思维、法治文化等高度，强调"坚持全面依法治国"，使中国特色社会主义具有更加有力的法治保障；以自我革命的勇气、驰而不息的韧劲、向纵深挺进的魄力，强调"坚持全面从严治党"，使中国特色社会主义具有更加坚强的政治保证。

新时代行动纲领

良好的安全环境、强大的人民军队、祖国的团结统一和稳定的国际秩序是新时代中国特色社会主义的安全基石。基本方略统筹发展和安全两件大事，统筹国内国际两个大局，强调"坚持总体国家安全观"，坚决维护国家主权、安全、发展利益；强调"坚持党对人民军队的绝对领导"，为实现中华民族伟大复兴提供有力战略支撑；强调"坚持'一国两制'和推进祖国统一"，顺应实现中华民族伟大复兴的必然要求；强调"坚持推动构建人类命运共同体"，共同创造人类的美好未来。有了上述强大的安全基石，我们就拥有了"任凭风浪起，稳坐钓鱼台"的充盈底气。

（二）基本方略的内涵和意义

新时代中国特色社会主义基本方略从十四个方面对贯彻落实习近平新时代中国特色社会主义思想作出了明确规定，是我们必须长期坚持的行动纲领。我们必须深刻领会其精神实质和精神内涵，掌握其对党和国家发展产生的重大意义。

1. 坚持党对一切工作的领导

这明确了新时代中国特色社会主义的领导力量是中国共产党。党的领导地位是历史的选择，也是人民的重托。正是有了党的坚强领导，中国人民才从根本上改变了自己的命运，中国发展才取得了举世瞩目的伟大成就，中华民族才迎来了伟大复兴的光明前景。党的十八大以来，党和国家各项事业之所以开创新局、谱写新篇，也离不开党的坚强领导和顽强奋斗。坚持党的领导，是党和国家的根本所在、命脉所在，是全国各族人民的利益所系、幸福所系。

2. 坚持以人民为中心

这明确了新时代中国特色社会主义的政治立场是一切以人民为出发点。人民是历史的创造者，是决定党和国家前途命运的根本力量。回顾我国革命、建设和改革的历史，人民群众创造历史的主体作用、人民群众作为力量的源泉贯穿始终。新民主主义革命时期，正是广大人民群众以奋不顾身的抗争精神，汇成排山倒海的革命洪流，筑成真正的铜墙铁壁，最终推翻了压在中国人民头上的帝国主义、封建主义、官僚资本主义三座大山，实现了民族独立和新中国的成立。社会主义建设时期，全国各族人民翻身做主人，鼓起干劲、力争上游，在短时间内实现了社会制度的伟大跨越，在一穷二白的基础上建立起了比较完备的社会主义工业体系，为经济社会发展打下坚实基础。改革开放新时期，许多推动改革发展进程的新经验新举措，也都是人民群众在实践中摸索创造出来的。可以说，96 年来，我们党取得的所有成就都是依靠人民共同奋斗的结果。

3. 坚持全面深化改革

这明确了新时代中国特色社会主义的发展动力是不断深化改革。只有社会主义才能救中国，只有改革开放才能发展中国、发展社会主义、发展马克思主义。改革开放是当代中国最鲜明的特色，是我们党在新的历史时期最鲜明的旗帜，是党和人民事业大踏步赶上时代的重要法宝，是我们中国特色社会主义事业不断前进的不竭动力。

4. 坚持新发展理念

这明确了新时代中国特色社会主义的发展导向是坚定不移贯彻创新、协调、绿色、开放、共享的发展理念。发展理念是行动的先导，是发展方向、发展思路、发展着力点的集中体现。改革开放近 40 年的历史告诉我们，发展是解决我国一切问题的基础和关键。但是，发展不是粗放式的、以牺牲未来为代价的，发展必须是科学发展，必须坚持创新发展、协调发展、绿色发展、开放发展、共享发展。

5. 坚持人民当家作主

这明确了新时代中国特色社会主义的依靠力量是全休人民。坚持党的领导、人民当家作主、依法治国有机统一是社会主义政治发展的必然要求。我国是工人阶级领导的、以工农联盟为基础的人民民主专政的社会主义国家，国家的一切权力属于人民，人民依照法律规定，通过各种途径和形式，管理国家事务，管理经济和文化事业，管理社会事务。强调人民是国家的主人，坚持人民主体地位，这是我国国体和政体的本质要求，也是全面依法治国、实现中华民族伟大复兴中国梦的根本途径。

6. 坚持全面依法治国

这明确了新时代中国特色社会主义的法治保障。全面依法治国是中国特色社会主义的本质要求和重要保障。全面依法治国，是坚持和发展中国特色社会主义制度的本质要求，只有全面依法治国，建设中国特色社会主义法治体系，才能建设科学立法、严格执法、公正司法、全民守法的社会主义法治国家；是解决党和国家事业发展面临的各种突出矛盾和问题的紧迫需要，只有全面依法治国，才能解放和增强社会活力、促进社会公平正义、维护社会和谐稳定、确保党和国家长治久安；是决胜全面建成小康社会、夺取新时代中国特色社会主义伟大胜利的必然要求，只有全面依法治国，才能创造更好的法治环境，为中国走向繁荣富强、中华民族实现伟大复兴提供法治保障。

7. 坚持社会主义核心价值体系

这明确了新时代中国特色社会主义的精神力量。社会主义核心价值体系是巩固全党全国人民团结奋斗的共同思想基础。坚持社会主义核心价值体系，才能形成既解放思想又统一思想、既弘扬主旋律又包容多样性的生动局面，才能巩固全党全国各族人民团结奋斗的共同思想道德基础；才能加快构建充分体现崇尚法治、维护权利、注重程序、科学规范等现代治理理念的价值体系，顺利推进国家治理体系和治理能力现代化；才能保持中华文化的民族性、时代性、先进性，抵御西方资产阶级腐朽思想文化渗透，推动中华文化更好走向世界、扩大我国的国际影响力，切实增强中国特色社会主义文化自信。

8. 坚持在发展中保障和改善民生

这明确了新时代中国特色社会主义的根本目的是增进民生福祉。民生是人民幸福之基、社会和谐之本。让人民过上幸福生活是社会主义社会的本质要求，增进民生福祉是我们党立党为公、执政为民的使命所在。让老百姓过上好日子是我们党一切工作的出发点和落脚点，所以，在党的治国理政实践中，保障和改善民生没有终点，只有连续不断的新起点。

9. 坚持人与自然和谐共生

这明确了新时代中国特色社会主义要解决好人与自然的关系问题。建设生态文明是中华民族永续发展的千年大计。建设人与自然和谐共生的生态文明，关系人民福祉，关乎民族未来。我们要建设的现代化是人与自然和谐共生的现代化，既要创造更多物质财富和精神财富以满足人民日益增长的美好生活需要，又要提供更多优质生态产品以满足人民日益增长的优美生态环境需要。所以，在领导人民为实现社会主义现代化和中华民族伟大复兴而奋斗中，我们党旗帜鲜明地把生态文明建设纳入中国特色社会主义事业总体布局之中，把推进生态文明建设，建设美丽中国，实现中华民族永续发展作为党的神圣使命，作为党对中华民族的庄严承诺。

10. 坚持总体国家安全观

这明确了新时代中国特色社会主义要重视维护国家的安全。安全，关乎人民的最基本利益。国家安全是人民幸福安康的基本要求，是安邦定国的重要基石。统筹发展和安全，增强忧患意识，做到居安思危，是我们党治国理政的一个重大原则。维护人民利益，保障人民安全，是国家的最基本职责。国家自身安全，是国家担负起保障人民安全职责的根本前提。所以，坚持总体国家安全观既要以人民安全为宗旨，又要坚持保障人民安全与保障国家自身安全有机统一。

11. 坚持党对人民军队的绝对领导

这明确了新时代中国特色社会主义要重视国防和军队建设。建设一支听党指挥、能打胜仗、作风优良的人民军队，是实现"两个一百年"奋斗目标、实现中华民族伟大复兴的战略支撑。坚持党对人民军队的绝对领导，是人民军队从小到大、由弱到强，取得一个又一个辉煌胜利，成为拖不垮、打不烂，攻无不克、战无不胜的钢铁雄师，为党和人民事业建立伟大历史功勋的根本保证；是党从新形势出发对人民军队重申的重大政治原则，也是在新的历史起点上坚定不移走中国特色强军之路、把强军事业不断推向前进的根本政治保证。

12. 坚持"一国两制"和推进祖国统一

这明确了新时代中国特色社会主义的祖国统一问题。保持香港、澳门长期繁荣稳定，实现祖国完全统一，是实现中华民族伟大复兴的必然要求。"一国两制"是我国的一项基本国策，"一国两制"实践取得了举世公认的成功。深入推进"一国两制"在香港、澳门实践，是实现香港、澳门长期繁荣稳定的必然要求，符合国家和民族根本利益，符合香港、澳门整体和长远利益，符合全国人民共同意愿。解决台湾问题、实现祖国完全统一，是全体中华儿女共同愿望，是中华民族根本利益所在，是不可阻挡的历史进程。"和平统一、一国两制"是解决台湾问题的基本方针，也是实现国家统一的最佳方式。

13. 坚持推动构建人类命运共同体

这明确了新时代中国特色社会主义要处理好中国与世界的关系问题。中国人民的梦想同各国人民的梦想息息相通，实现中国梦离不开和平的国际环境和稳定的国际秩序。人类社会始终在矛盾运动中前进，每一次进步，在为下一步发展提供基础和条件的同时，也提出一系列新的问题和挑战。今天，构建人类命运共同体，不仅符合当今人类社会发展的内在要求，而且也是解决人类社会面临的问题和挑战的现实需要。因此，我们党向世界提出了中国方案：构建人类命运共同体，实现共建共赢共享。世界好，中国才能好；中国好，世界才能好。构建人类命运共同体，既有利于中国的发展，更有利于世界的发展，体现了中国共产党的世界担当。

14. 坚持全面从严治党

这明确了建设新时代中国特色社会主义要继续加强党的自身建设。

勇于自我革命，从严管党治党，是我们党最鲜明的品格。全面从严治党，是党的十八大以来以习近平同志为核心的党中央治国理政和管党治党的核心理念、关键举措，是党和国家事业产生历史性变革的根本推动力量，体现了巨大的政治勇气和强烈的责任担当，体现了对党要更好履行执政使命、自身必须始终过硬的规律性认识，体现了改变管党治党宽松软状况的坚强决心。

（三）基本方略的鲜明特点

新时代中国特色社会主义的基本方略是以习近平同志为核心的中国共产党人在总结历史经验基础上，在解决现实问题的过程中，聚焦于全面推进新时代中国特色社会主义事业而提出的全党行动纲领，蕴含着科学思维方法和政治智慧，体现了强烈历史使命感和担当精神，彰显了坚定政治定力和人民立场。

1. 新时代中国特色社会主义的基本方略蕴含着中国共产党的科学思维方法和政治智慧

新时代坚持和发展中国特色社会主义是个宏大复杂的系统工程，构成有机整体的各子系统之间相互联系相互依存，不确定性因素与日俱增，一刻也离不开科学思维方法的有力指导。基本方略在科学准确把握习近平新时代中国特色社会主义思想精髓的基础上，根据新的实践对各方面工作作出理论分析和政策指导，把坚持和发展新时代中国特色社会主义的领导核心、根本力量、总体布局、战略举措、安全基石等贯通结合，体现了鲜明的辩证思维、战略思维、历史思维、创新思维、法治思维、系统思维和底线思维，展示了我们党总揽全局、协调各方的高超政治智慧。

2. 新时代中国特色社会主义的基本方略体现了中国共产党的强烈历史使命感和担当精神

中国共产党一经成立，就以为中国人民谋幸福、为中华民族谋复兴为自己的初心和使命。在 96 年的奋斗征程中，党始终不忘初心、牢记使命，以强烈历史担当团结带领人民创造了彪炳史册的历史功绩。今天，中国特色社会主义进入了新时代，站在国家发展新的历史方位上，引领人民咬定目标继续奋进，是中国共产党人必须扛起的时代重任。当前，我国社会主要矛盾已经转化为人民日益增长的美好生活需要和不平衡不充分的发展之间的矛盾。基本方略的提出，体现了我们党对社会发展规律新的认识，勇于直面问题、破解矛盾的勇气自信，昭示了我们党不负人民重托、无愧历史选择的决心意志。

3. 新时代中国特色社会主义的基本方略彰显了中国共产党的坚定政治定力和人民立场

中国特色社会主义道路的确立，是我们党和人民历经千辛万苦、付出巨大代价乃至无数生命换来的，符合近代中国社会演进的理论逻辑、历史逻辑、实践逻辑、发展逻辑，是历史的选择、人民的选择。选择来之不易，坚守彰显定力，发展依靠人民。中国特色社会主义进入新时代，我们比历史上任何时期都更接近、更有信心和能力实现中华民族伟大复兴的宏伟目标，我们也面临着世情国情党情变化带来的严峻复杂挑战。基本方略强调，坚持党对一切工作的领导，坚持以人民为中心，这充分体现了党始终致力于领导和依靠人民奋力推进新时代中国特色社会主义的如磐政治定力和鲜明人民立场。

（四）基本方略的现实要求

新时代中国特色社会主义的基本方略作为我们今后工作的行动纲领，从以下五个方面对全党提出了明确要求。

1. 必须毫不动摇地始终坚持中国共产党的领导

必须增强政治意识、大局意识、核心意识、看齐意识，自觉维护党中央权威和集中统一领导，自觉在思想上政治上行动上同党中央保持高度一致。必须完善坚持党的领导的体制机制，坚持稳中求进工作总基调，统筹推进"五位一体"总体布局，协调推进"四个全面"战略布局，提高党把方向、谋大局、定政策、促改革的能力和定力，确保党始终总揽全局、协调各方。必须坚决防止和反对个人主义、分散主义、自由主义、本位主义、好人主义，坚决防止和反对宗派主义、圈子文化、码头文化，坚决反对搞两面派、做两面人，实现全党思想上统一、政治上团结、行动上一致，把党的路线方针政策体现和落实到经济建设、政治建设、文化建设、社会建设、生态文明建设以及国防和军队建设、外交、党的建设等各个方面。必须坚持民主集中制，一方面，党的重大决策都要严格按照程序办事，充分发扬民主，广泛听取意见和建议，做到兼听善听、防止偏听偏信，做到科学决策、民主决策、依法决策；另一方面，在充分发扬民主的基础上，要有正确的集中，党中央从全局出发、集中各方面智慧作出的决定，各地方各部门都要坚决贯彻执行，决不允许任何人讨价还价，决不允许自行其是、各自为政，决不允许有令不行、有禁不止，决不允许搞上有政策、下有对策。

2. 必须毫不动摇地将人民作为一切工作的出发点和落脚点

首先，要坚持人民主体地位，保证人民当家作主。坚持中国特色社会主义政治发展道路，坚持和完善人民代表大会制度、中国共产党领导的多党合作和政治协商制度、民族区域自治制度、基层群众自治制度，巩固和发展最广泛的爱国统一战线，发展社会主义协商民主，扩大人民有序政治参与，把人民当家作主落实到国家政治生活和社会生活之中，保证人民广泛参加国家治理和社会治理，巩固和发展生动活泼、安定团结的政治局面。第二，要坚持立党为公、执政为民。要把人民放在心中最高位置，实现好、维护好、发展好最广大人民根本利益，把人民拥护不拥护、赞成不赞成、高兴不高兴、答应不答应作为衡量一切工作得失的根本标准，使我们党始终拥有不竭的力量源泉。第三，要践行全心全意为人民服务的根本宗旨，把党的群众路线贯彻到治国理政全部活动之中，把人民对美好生活的向往作为奋斗目标，依靠人民创造历史伟业。

3.必须毫不动摇地统筹推进"五位一体"总体布局

首先，要继续推动中国特色社会主义经济建设。坚持和完善我国社会主义基本经济制度和分配制度，毫不动摇巩固和发展公有制经济，毫不动摇鼓励、支持、引导非公有制经济发展，使市场在资源配置中起决定性作用，更好发挥政府作用，推动新型工业化、信息化、城镇化、农业现代化同步发展，主动参与和推动经济全球化进程，发展更高层次的开放型经济，不断壮大我国经济实力和综合国力。其次，要继续推进中国特色社会主义政治建设。坚持中国特色社会主义政治发展道路，坚持和完善人民代表大会制度、中国共产党领导的多党合作和政治协商制度、民族区域自治制度、基层群众自治制度，巩固和发展最广泛的爱国统一战线，发展社会主义协商民主，健全民主制度，丰富民主形式，拓宽民主渠道，保证人民当家作主落实到国家政治生活和社会生活之中。第三，要继续推进中国特色社会主义文化建设。必须坚持马克思主义，牢固树立共产主义远大理想和中国特色社会主义共同理想，培育和践行社会主义核心价值观，不断增强意识形态领域主导权和话语权，推动中华优秀传统文化创造性转化、创新性发展，继承革命文化，发展社会主义先进文化，不忘本来、吸收外来、面向未来，更好构筑中国精神、中国价值、中国力量，为人民提供精神指引。第四，要继续推进中国特色社会主义社会建设。必须多谋民生之利、多解民生之忧，在发展中补齐民生短板、促进社会公平正义，在幼有所育、学有所教、劳有所得、病有所医、老有所养、住有所居、弱有所扶上不断取得新进展，深入开展脱贫攻坚，保证全体人民在共建共享发展中有更多获得感，不断促进人的全面发展、全体人民共同富裕。建设平安中国，加强和创新社会治理，维护社会和谐稳定，确保国家长治久安、人民安居乐业。第五，要继续推进中国特色社会主义生态文明建设。必须树立和践行绿水青山就是金山银山的理念，坚持节约资源和保护环境的基本国策，像对待生命一样对待生态环境，统筹山水林田湖草系统治理，实行最严格的生态环境保护制度，形成绿色发展方式和生活方式，坚定走生产发展、生活富裕、生态良好的文明发展道路，建设美丽中国，为人民创造良好生产生活环境，为全球生态安全作出贡献。

4. 必须毫不动摇地协调推进"四个全面"战略布局

首先，继续推进全面深化改革。坚持和完善中国特色社会主义制度，不断推进国家治理体系和治理能力现代化，坚决破除一切不合时宜的思想观念和体制机制弊端，突破利益固化的藩篱，吸收人类文明有益成果，构建系统完备、科学规范、运行有效的制度体系，充分发挥我国社会主义制度优越性。其次，继续推进全面依法治国。把党的领导贯彻落实到依法治国全过程和各方面，坚定不移走中国特色社会主义法治道路，完善以宪法为核心的中国特色社会主义法律体系，建设中国特色社会主义法治体系，建设社会主义法治国家，发展中国特色社会主义法治理论，坚持依法治国、依法执政、依法行政共同推进，坚持法治国家、法治政府、法治社会一体建设，坚持依法治国和以德治国相结合，依法治国和依规治党有机统一，深化司法体制改革，提高全民族法治素养和道德素质。第三，继续推进全面从严治党。以党章为根本遵循，把党的政治建设摆在首位，思想建党和制度治党同向发力，统筹推进党的各项建设，抓住"关键少数"，坚持"三严三实"，坚持民主集中制，严肃党内政治生活，严明党的纪律，强化党内监督，发展积极健康的党内政治文化，全面净化党内政治生态，坚决纠正各种不正之风，以零容忍态度惩治腐败，不断增强党自我净化、自我完善、自我革新、自我提高的能力，始终保持党同人民群众的血肉联系。第四，继续推进全面建成小康社会。抓重点、补短板、强弱项，特别是要坚决打好防范化解重大风险、精准脱贫、污染防治的攻坚战；防范化解重大风险，增强对经济社会平稳健康发展的驾驭能力；加大生态环境保护建设力度，真正让老百姓呼吸上新鲜的空气、喝上干净的水、吃上放心的食物、生活在宜居的环境中、切实感受到经济发展带来的实实在在的环境效益；坚持精准扶贫、精准脱贫方略，深入推进脱贫攻坚，确保到 2020 年我国现行标准下农村贫困人口实现脱贫、贫困县全部摘帽、解决区域性整体贫困，让农村贫困人口和贫困地区同全国一道进入全面小康社会。

5. 必须毫不动摇地坚决维护国家安全，加强军队和国防建设，全力推进祖国统一进程，全方位推行大国外交

首先，坚决维护国家安全。坚持国家利益至上，以人民安全为宗旨，以政治安全为根本，统筹外部安全和内部安全、国土安全和国民安全、传统安全和非传统安全、自身安全和共同安全，完善国家安全制度体系，加强国家安全能力建设，坚决维护国家主权、安全、发展利益。其次，加强军队和国防建设。全面贯彻党领导人民军队的一系列根本原则和制度，确立新时代党的强军思想在国防和军队建设中的指导地位，坚持政治建军、改革强军、科技兴军、依法治军，更加注重聚焦实战，更加注重创新驱动，更加注重体系建设，更加注重集约高效，更加注重军民融合，实现党在新时代的强军目标。第三，全力推进祖国统一进程。把维护中央对香港、澳门特别行政区全面管治权和保障特别行政区高度自治权有机结合起来，确保"一国两制"方针不会变、不动摇，确保"一国两制"实践不变形、不走样。必须坚持一个中国原则，坚持"九二共识"，推动两岸关系和平发展，深化两岸经济合作和文化往来，推动两岸同胞共同反对一切分裂国家的活动，共同为实现中华民族伟大复兴而奋斗。第四，全方位推行大国外交。统筹国内国际两个大局，始终不渝走和平发展道路、奉行互利共赢的开放战略，坚持正确义利观，树立共同、综合、合作、可持续的新安全观，谋求开放创新、包容互惠的发展前景，促进和而不同、兼收并蓄的文明交流，构筑尊崇自然、绿色发展的生态体系，始终做世界和平的建设者、全球发展的贡献者、国际秩序的维护者。

六、新征程：新时代"两步走"发展战略

党的十九大报告指出："从十九大到二十大，是'两个一百年'奋斗目标的历史交汇期。我们既要全面建成小康社会、实现第一个百年奋斗目标，又要乘势而上开启全面建设社会主义现代化国家新征程，向第二个百年奋斗目标进军。"如何把握好、利用好这一历史交汇期，推动我国社会主义现代化建设事业不断向前迈进？党的十九大在综合分析国际国内形势和我国发展条件的基础上，提出从二〇二〇年到本世纪中叶，分两个阶段把我国建设成为富强民主文明和谐美丽的社会主义现代化强国，也即新时代"两步走"发展战略。

新时代"两步走"发展战略是对我国分步骤完成阶段性目标传统的继承，也是对党的十五大提出的"新三步走"发展战略的细化，是实现"两个一百年"奋斗目标的必要步骤。它着眼于我国社会主义现代化建设需要，充分考虑了我国目前发展状况和发展阶段，是指导我国未来三十年发展的中期战略目标。理解好、把握好新时代"两步走"发展战略，对于推动中国特色社会主义事业具有重要影响。

（一）新时代"两步走"发展战略是"三步走"发展战略的继承和创新

制定比较长远的经济发展战略和目标，分步骤分阶段进行经济建设，是中国共产党长期以来非常重视的。早在新中国成立之初，毛泽东就曾多次谈到经济建设的步骤和发展战略的问题，在 1962 年的一次谈话中他指出："建设强大的社会主义经济，在中国，五十年不行，会要一百年，或者更多的时间。"周恩来根据毛泽东的意见，在三届全国人大一次会议上的政府工作报告中提出："今后发展国民经济的主要任务，总的来说，就是要在不太长的历史时期内，把我国建设成为一个具有现代农业、现

代工业、现代国防和现代科学技术的社会主义强国，赶上和超过世界先进水平。为了实现这个伟大的历史任务，从第三个五年计划开始，我国国民经济的发展，可以按两步来设想：第一步，用十五年时间，即在1980年以前，建成一个独立的比较完整的工业体系和国民经济体系；第二步，在本世纪内，全面实现农业、工业、国防和科学技术的现代化，使我国国民经济走在世界的前列。"1975年1月召开的四届全国人大一次会议的政府工作报告上，周恩来再次强调国民经济分"两步走"的发展设想："第一步用十五年时间，即在一九八〇年以前，建成一个独立的比较完整的工业体系和国民经济体系；第二步，在本世纪内，全面实现农业、工业、国防和科学技术的现代化，使我国国民经济走在世界的前列。"这为后来的"三步走"发展战略提供了雏形。

中国共产党十一届三中全会完成了指导思想的拨乱反正，作出把工作重心转到经济建设上来、实行改革开放的伟大决定。全会以后，以邓小平为代表的中国高层领导开始全面总结社会主义建设的历史经验，考虑适合中国的经济发展战略。1979年12月邓小平在会见日本首相大平正芳时提出，"中国式的四个现代化是本世纪末达到小康水平"；1982年8月邓小平指出："我们摆在第一位的任务是在本世纪末实现现代化的一个初步目标，这就是达到小康的水平。如果能实现这个目标，我们的情况就比较好了。更重要的是我们取得了一个新起点，再花三十年到五十年时间，接近发达国家的水平。"1984年邓小平强调："我们确定了一个政治目标：发展经济，到本世纪末翻两番，国民生产总值按人口平均达到八百美元，人民生活达到小康水平。这个目标对发达国家来说是微不足道的，但对中国来说，是一个雄心壮志，是一个宏伟的目标。更为重要的是，在这个基础上，再发展三十年到五十年，力争接近世界发达国家的水平。"

在邓小平上述讲话精神影响下，1982年举行的党的十二大制定了中国经济建设到20世纪末的奋斗目标和前进步骤，提出："从一九八一年到本世纪末的二十年，我国经济建设总的奋斗目标是，在不断提高经济效益的前提下，力争使全国工农业的年总产值翻两番，即由一九八〇年的七千一百亿元增加到二〇〇〇年的二万八千亿元左右。"并提出："为了实现二十年的奋斗目标，在战略部署上要分两步走：前十年主要是打好基础，积蓄力量，创造条件，后十年要进入一个新的经济振兴时期。"

在十二大"两步走"战略的基础上，1987年召开的党的十三大正式提出了"三步走"经济发展战略："党的十一届三中全会以后，我国经济建设的战略部署大体分三步走。第一步，实现国民生产总值比一九八〇年翻一番，解决人民的温饱问题。这个任务已经基本实现。第二步，到本世纪末，使国民生产总值再增长一倍，人民生活达到小康水平。第三步，到下个世纪中叶，人均国民生产总值达到中等发达国家水平，人民生活比较富裕，基本实现现代化。然后，在这个基础上继续前进。""三步走"发展战略明确了中国经济建设的中期目标和实现目标的步骤，从而在战略上指导和协调了中国的各项经济工作，极大地鼓舞和调动了全国人民建设社会主义的积极性。

当时间来到2000年的时候，按照邓小平设计的"三步走"发展战略，中国已经如期完成了前两步发展目标。按可比价格计算，2000年我国国内生产总值是1980年的6倍以上，超过了原定20年翻两番的目标要求。许多重要工农业产品产量也跃居世界前列，长期困扰经济发展和人民生活的商品供应短缺的状况从根本上得到改观，人民的温饱问题得到解决，中国已经从总体上进入了小康社会。经济发展的任务开始转移到实施"三步走"发展战略的第三步战略部署，也就是要用50年时间基本实现现代化。

为了达到这一宏伟的战略目标，以江泽民为主要代表的中国共产党人提出了"新三步走"发展战略。1997年党的十五大宣布："展望下世纪，我们的目标是，第一个十年实现国民生产总值比二〇〇〇年翻一番，使人民的小康生活更加宽裕，形成比较完善的社会主义市场经济体制；再经过十年的努力，到建党一百年时，使国民经济更加发展，各项制度更加完善；到下世纪中叶建国一百年时，基本实现现代化，建成富强民主文明的社会主义国家。"

"新三步走"发展战略立足于全面建设更高水平的小康社会，提出了"两个一百年"奋斗目标，对邓小平"三步走"发展战略的第三步，尤其是21世纪头20年的工作作出了更加具体的安排。但是，无论是"三步走"发展战略还是"新三步走"发展战略，都是主要聚焦于建设小康社会，而对于全面建成小康社会后，中国向社会主义现代化国家过渡的具体步骤则没有具体规定。

当时间来到2017年，我们党面对的不仅仅是在建党一百年时全面建成小康社会的历史重担，还要考虑到在全面建成小康社会后如何向社会主义现代化强国过渡的战略问题。因此，党的十九大报告指出："从十九大到二十大，是'两个一百年'奋斗目标的历史交汇期。我们既要全面建成小康社会、实现第一个百年奋斗目标，又要乘势而上开启全面建设社会主义现代化国家新征程，向第二个百年奋斗目标进军。"

在综合分析国际国内形势和我国发展条件的基础上，以习近平同志为核心的中国共产党人提出了新时代"两步走"发展战略：

第一个阶段，从二〇二〇年到二〇三五年，在全面建成小康社会的基础上，再奋斗十五年，基本实现社会主义现代化。到那时，我国经济实力、科技实力将大幅跃升，跻身创新型国家前列；人民平等参与、平等发展权利得到充分保障，法治国家、法治政府、法治社会基本建成，各方面制度更加完善，国家治理体系和治理能力现代化基本实现；社会文明程度达到新的高度，国家文化软实力显著增强，中华文化影响更加广泛深入；人民生活更为宽裕，中等收入群体比例明显提高，城乡区域发展差距和居民生活水平差距显著缩小，基本公共服务均等化基本实现，全体人民共同富裕迈出坚实步伐；现代社会治理格局基本形成，社会充满活力又和谐有序；生态环境根本好转，美丽中国目标基本实现。

第二个阶段，从二〇三五年到本世纪中叶，在基本实现现代化的基础上，再奋斗十五年，把我国建成富强民主文明和谐美丽的社会主义现代化强国。到那时，我国物质文明、政治文明、精神文明、社会文明、生态文明将全面提升，实现国家治理体系和治理能力现代化，成为综合国力和国际影响力领先的国家，全体人民共同富裕基本实现，我国人民将享有更加幸福安康的生活，中华民族将以更加昂扬的姿态屹立于世界民族之林。

新时代"两步走"发展战略是在"解决人民温饱问题、人民生活总体上达到小康水平"这两个目标已提前实现的基础上，我国发展走到全面建成小康社会决胜期的背景下，以习近平同志为核心的中国共产党人综合分析国际国内形势和我国发展条件而提出的新时代发展战略。它是"三步走"发展战略和"新三步走"发展战略的细化和具体化，是我们党第一次对第二个百年奋斗目标描绘出宏伟蓝图，使未来的发展目标和发展路径更加明晰。新时代"两步走"发展战略是新时代中国特色社会主义发展的战略安排，有利于保持"四个全面"战略布局的连续性，有利于动员和激励全党全国各族人民万众一心，为实现中华民族伟大复兴中国梦而努力奋斗。

（二）新时代"两步走"发展战略以全面建成小康社会为前提

新时代"两步走"发展战略是对我国从二〇二〇年到本世纪中叶 30 年的工作作出的安排，主要聚焦于我国全面建成小康社会后，开启全面建设社会主义现代化国家新征程。它所作出的安排都是基于我国将要全面建成小康社会的现实考量，所以，高质量地完成全面建成小康社会任务，是我们走向新征程的前提。

党的十八大以来，在以习近平同志为核心的党中央坚强领导下，我们积极推进社会主义经济建设、政治建设、文化建设、社会建设、生态文明建设，全面建成小康社会取得新的重大进展。

1. 经济持续健康发展，为全面建成小康社会筑牢基础

党的十八大以来，党和政府坚持将稳中求进作为经济工作的总基调，采取一系列措施，科学统筹稳增长、促改革、调结构、惠民生、防风险，经济实现持续健康发展。2016年，我国国内生产总值折合11.2万亿美元，占世界经济总量的15%左右，比2012年提高3.4个百分点，稳居世界第二位。经济保持中高速增长，2013—2016年，国内生产总值年均增长7.2%，高于同期世界2.5%和发展中经济体4%的平均增长水平。人民生活水平不断提高，人均国民总收入由5940美元提高到超过8000美元，接近中等偏上收入国家平均水平。这些成就的取得为全面建成小康社会打下了厚实的经济基础。

2. 文化软实力显著增强，为全面建成小康社会提供精神支撑

一是筑牢社会主义核心价值观，培育和践行社会主义核心价值观主题实践活动在全国范围广泛深入开展，人们开始从心底迸发出对善的敬重、对美的向往。二是加强对文艺工作的指导，2014年10月15日，习近平总书记主持召开文艺工作座谈会后，文艺工作出现可喜变化：文艺作品向精品化迈进，更加注重呈现内容和传递正能量；国家对文艺创作的保护和支持力度逐渐加大；文艺环境趋于健康，文艺市场更加理性；文艺工作者的素质不断提高，与现实、人民的联系更加紧密。三是注重发挥优秀传统文化的现实作用，推动了中华优秀传统文化的传承与发展，有力增强了中华优秀传统文化的凝聚力、影响力、创造力。四是完善公共文化服务体系，加快推进文化惠民工程。五是大力推动现代化文化产业发展，文化产业体量不断增大，文化产业质量效益也持续提升，初步构建起结构合理、门类齐全、科技含量高、富有创意、竞争力强的现代文化产业体系。

3. 扎实推进各项民生事业，人民获得感不断提升

党的十八大以来，以习近平同志为核心的党中央聚焦人民生活的方方面面，通过制定一系列政策和措施，努力让全体人民能够拥有更好的教育、更稳定的工作、更满意的收入、更可靠的社会保障、更高水平的医疗卫生服务。2013—2016 年，城镇新增就业保持在每年 1300 万人以上，全国居民收入年均实际增长 7.4%，超过经济增速；加大对教育的投入力度，城乡、区域、校际、群体教育差距不断缩小；2016 年年底，城乡居民月人均养老金达到 117 元，其中月人均基础养老金达到 105 元，基本实现 5 年翻一番的目标；人均预期寿命由 2010 年的 74.83 岁提高到 2016 年的 76.5 岁；整合城乡居民基本医疗保险制度取得积极进展，基本医保制度公平性进一步提高……一系列实实在在的政策措施，保证了发展成果全民共享。

4. 大力推动精准扶贫，全力补齐小康社会短板

党的十八大以来，在精准扶贫、精准脱贫理念的指导下，我国的扶贫开发工作取得了举世瞩目的成绩：农村贫困人口大幅减少，按照现行农村贫困标准（中国目前贫困线以 2011 年 2300 元不变价为基准），2016 年我国农村贫困人口为 4335 万人，比上年减少 1240 万人。2013—2016 年 4 年间，每年农村贫困人口减少都超过 1000 万人（2013 年减少 1650 万人，2014 年减少 1232 万人，2015 年减少 1442 万人，2016 年减少 1240 万人），累计脱贫 5564 万人。贫困发生率从 2012 年年底的 10.2% 下降到 2016 年年底的 4.5%，下降 5.7 个百分点。贫困地区农民生活水平不断提高，2016 年，贫困地区农村居民人均可支配收入 8452 元，比上年实际增长 8.4%，增速比全部农村居民收入快 2.2 个百分点，2013—2016 年，贫困地区农村居民收入增幅高于全国平均水平，贫困群众生活水平明显提高，贫困地区面貌明显改善。

5. 生态文明建设成效显著

绿色发展理念深入人心，生态文明制度体系加快形成。制定并深入实施大气、水、土壤污染防治行动计划，74 个重点城市细颗粒物（PM2.5）平均浓度由 2013 年的 72 微克／立方米下降至 2016 年的 50 微克／立方米，累计下降 30.6%。持续推进节能减排，2013—2016 年单位国内生产

总值能耗累计下降 17.9%。

　　总之，党的十八大以来，在以习近平同志为核心的党中央坚强领导下，我们全面建成小康社会取得新的重大进展。国家经济实力、科技实力、国防实力、综合国力、国际影响力和人民获得感显著提升。这些历史性成就和历史性变革，标志着我国发展站到了新的历史起点上，为如期实现全面建成小康社会奠定了具有决定意义的基础。

　　成就是辉煌的，但是也应该清醒地认识到我们全面建成小康社会的任务还没完成，在很多方面还存在着许多亟待解决的问题。经济发展不平衡不充分的一些突出问题尚未解决，发展质量和效益还不高，创新能力不够强，实体经济水平有待提高，金融风险有所积聚；民生领域还有不少短板，目前仍有4000多万农村贫困人口，脱贫攻坚任务艰巨，城乡区域发展和收入分配差距依然较大，群众在就业、教育、医疗、居住、养老等方面面临不少难题；生态环境保护任重道远，治理高消耗高污染行业、淘汰过剩落后产能需要长期艰苦努力，生态修复方面还有许多欠账，北方秋冬季重污染天气时有发生，与人民群众对优美生态环境的期待还有较大差距；社会文明水平尚需提高，社会矛盾和问题交织叠加，全面依法治国任务依然繁重，国家治理体系和治理能力有待加强。我们必须坚持问题导向，对照全面建成小康社会目标要求，着力解决存在的突出矛盾和问题。

　　党的十九大报告指出："从现在到二〇二〇年，是全面建成小康社会决胜期。要按照十六大、十七大、十八大提出的全面建成小康社会各项要求，紧扣我国社会主要矛盾变化，统筹推进经济建设、政治建设、文化建设、社会建设、生态文明建设，坚定实施科教兴国战略、人才强国战略、创新驱动发展战略、乡村振兴战略、区域协调发展战略、可持续发展战略、军民融合发展战略，突出抓重点、补短板、强弱项，特别是要坚决打好防范化解重大风险、精准脱贫、污染防治的攻坚战，使全面建成小康社会得到人民认可、经得起历史检验。"我们要按照党的十九提出的要求，坚持创新、协调、绿色、开放、共享的发展理念，采取更加有力有效的措施，夺取全面建成小康社会的伟大胜利，为实施好新时代"两步走"发展战略打下坚实基础。

一要统筹推进经济建设、政治建设、文化建设、社会建设、生态文明建设。把"五位一体"总体布局统一于全面建成小康社会进程中，推进各项建设相互促进、相得益彰。二要实施好科教兴国战略、人才强国战略、创新驱动发展战略、乡村振兴战略、区域协调发展战略、可持续发展战略、军民融合发展战略，为全面建成小康社会提供重要战略支撑。三要推动经济持续健康发展。坚持稳中求进工作总基调，深化供给侧结构性改革，加快转变发展方式、优化经济结构、转换增长动力，不断增强经济发展内生动力。实施好积极的财政政策和稳健的货币政策，适时适度预调微调，保持经济运行在合理区间。四要坚决打好防范化解重大风险攻坚战。高度重视金融、地方债务、信息安全、社会稳定等领域存在的风险隐患，增强忧患意识和底线思维，积极采取有力措施，有效遏制增量风险，有序化解存量风险，坚决守住不发生系统性风险的底线。五要坚决打赢脱贫攻坚战。坚持精准扶贫、精准脱贫，继续集中力量加大投入，攻坚克难，勇于啃硬骨头，确保到 2020 年现行标准下农村贫困人口实现脱贫，贫困县全部摘帽，解决区域性整体贫困，补上全面建成小康社会这块最大的短板。六要坚决打好污染防治攻坚战。坚持绿水青山就是金山银山，推进绿色发展，强化节能减排，持续实施好大气、水、土壤污染防治行动计划，着力解决突出环境问题，加强重要生态系统保护和修复，改革生态环境监管机制，推动形成人与自然和谐发展的现代化建设新格局。

从十九大到二十大，是"两个一百年"奋斗目标的历史交汇期。在这个关键时期，我们要以最后冲刺的劲头和勇于担当的精神，保质保量完成各项任务，使全面建成小康社会得到人民认可、经得起历史检验，从而为乘势而上开启全面建设社会主义现代化国家新征程打下坚实基础。

（三）新时代"两步走"发展战略
为我国社会主义现代化建设描绘了宏伟蓝图

新时代"两步走"发展战略聚焦于我国全面建成小康社会后的现代化建设问题，将从2020—2050年的30年时间划分为两个15年，并对每个15年要完成的任务作出了明确规定，为我们将要开始的社会主义现代化建设攻坚战描绘了宏伟蓝图。按照党的十九大要求，新时代"两步走"发展战略主要从以下两方面对我国社会主义现代化建设作出部署。

1. 第一阶段：从2020—2035年，在全面建成小康社会的基础上，再奋斗15年，基本实现社会主义现代化

这意味着，我们党原来提出的"三步走"战略的第三步即基本实现现代化，将提前15年实现。这是考虑到，改革开放近40年来，我国经济持续较快发展，工业化城镇化快速推进，各项事业全面进步，国家面貌发生了前所未有的巨大变化。以目前的良好基础和发展势头，到2035年基本实现社会主义现代化是有把握的。这一阶段的主要目标要求是：

经济建设方面，我国经济实力、科技实力将大幅跃升，跻身创新型国家前列。我国经济将保持中高速增长、产业迈向中高端水平，经济发展实现由数量和规模扩张向质量和效益提升的根本转变。社会主义市场经济体制将更加完善，全面开放新格局加快构建，经济活力明显增强。形成若干世界级先进制造业集群，全要素生产率明显提升，基本建成现代化经济体系。发展空间格局得到优化，以城市群为主体、大中小城市和小城镇协调发展的城镇化格局基本形成，基础设施体系更加完备，城市品质明显提升。科技创新能力持续增强，在2020年建成创新型国家之后，到2035年跃升至创新型国家前列。

政治建设方面，人民平等参与、平等发展权利得到充分保障，法治国家、法治政府、法治社会基本建成，各方面制度更加完善，国家治理体系和治理能力现代化基本实现。党的领导、人民当家作主、依法治国

达到高度有机统一。人民民主更加充分发展，人民代表大会和人民政协制度更加完善，民主选举、民主协商、民主决策、民主管理、民主监督得到有效落实，人权得到充分保障，人民积极性、主动性、创造性进一步发挥。政府公信力和执行力大为增强，人民满意的服务型政府基本建成。依法治国得到全面落实，科学立法、严格执法、公正司法、全民守法的局面基本形成。

文化建设方面，社会文明程度达到新的高度，国家文化软实力显著增强，中华文化影响更加广泛深入。中国梦和社会主义核心价值观深入人心，爱国主义、集体主义、社会主义思想广泛弘扬，全体人民的文化自信、文化自觉和文化凝聚力不断提高。重视社会公德、职业道德、家庭美德、个人品德的社会风尚基本养成，人民思想道德素质、科学文化素质、健康素质明显提高。公共文化服务体系、现代文化产业体系和市场体系基本建成，中外文化交流更加广泛，中华文化走出去达到新水平。

社会建设方面，人民生活更为宽裕，中等收入群体比例明显提高，城乡区域发展差距和居民生活水平差距显著缩小，基本公共服务均等化基本实现，全体人民共同富裕迈出坚实步伐。实现幼有所育、学有所教、劳有所得、病有所医、老有所养、住有所居、弱有所扶的美好愿景，实现更高质量和更充分就业。我国进入高收入国家行列，人口预期寿命和国民受教育程度达到世界先进水平。现代社会治理格局基本形成，社会充满活力又和谐有序。政府治理和社会调节、居民自治良性互动，公平正义充分彰显，人民获得感、幸福感、安全感更加充实、更有保障、更可持续。

生态文明建设方面，生态环境根本好转，美丽中国目标基本实现。清洁低碳、安全高效的能源体系和绿色低碳循环发展的经济体系基本建立，生态文明制度更加健全。绿色发展的生产方式和生活方式基本形成，能源、水等资源利用效率达到国际先进水平。大气、水、土壤等环境状况明显改观，生态安全屏障体系基本建立，生产空间安全高效、生活空间舒适宜居、生态空间山青水碧的国土开发格局形成，森林、河湖、湿地、草原、海洋等自然生态系统质量和稳定性明显改善。我国碳排放总量将在 2030 年左右达到峰值后呈现下降态势，在应对全球气候变化和促进绿色发展中发挥重要作用。

2. 第二个阶段：从 2035—21 世纪中叶，在基本实现现代化的基础上，再奋斗 15 年，把我国建成富强民主文明和谐美丽的社会主义现代化强国

这意味着，我国社会主义物质文明、政治文明、精神文明、社会文明、生态文明将得到全面提升，我国的综合国力将大幅增强，中华民族将以更加昂扬的姿态屹立于世界民族之林，我国将由社会主义大国真正转变为社会主义强国。这一阶段的主要目标要求是：

我国将拥有高度的物质文明，社会生产力水平大幅提高，核心竞争力名列世界前茅，经济总量和市场规模超越其他国家，建成富强的社会主义现代化强国。

我国将拥有高度的政治文明，形成又有集中又有民主、又有纪律又有自由、又有统一意志又有个人心情舒畅生动活泼的政治局面，依法治国和以德治国有机结合，建成民主的社会主义现代化强国。

我国将拥有高度的精神文明，践行社会主义核心价值观成为全社会自觉行动，国民素质显著提高，中国精神、中国价值、中国力量成为中国发展的重要影响力和推动力，建成文明的社会主义现代化强国。

我国将拥有高度的社会文明，城乡居民将普遍拥有较高的收入、富裕的生活、健全的基本公共服务，享有更加幸福安康的生活，全体人民共同富裕基本实现，公平正义普遍彰显，社会充满活力而又规范有序，建成和谐的社会主义现代化强国。

我国将拥有高度的生态文明，天蓝、地绿、水清的优美生态环境成为普遍常态，开创人与自然和谐共生新境界，建成美丽的社会主义现代

化强国。

我国作为具有 5000 多年文明历史的古国，将焕发出前所未有的生机活力，实现国家治理体系和治理能力现代化，成为综合国力和国际影响力领先的国家，对构建人类命运共同体、推动世界和平与发展将作出更大贡献，中华民族将以更加昂扬的姿态屹立于世界民族之林，实现中华民族伟大复兴的中国梦。

（四）坚忍不拔、锲而不舍，奋力谱写社会主义现代化新征程的壮丽篇章

从全面建成小康社会到基本实现现代化，再到全面建成富强民主文明和谐美丽的社会主义现代化强国，是党的十九大作出的全面建设社会主义现代化国家的战略安排。我们要在以习近平同志为核心的党中央坚强领导下，以实际行动认真抓好贯彻落实，奋力谱写社会主义现代化新征程的壮丽篇章。

1. 以习近平新时代中国特色社会主义思想为指导，坚定不移地走自己的路

习近平新时代中国特色社会主义思想，是对马克思列宁主义、毛泽东思想、邓小平理论、"三个代表"重要思想、科学发展观的继承和发展，是马克思主义中国化最新成果，是党和人民实践经验和集体智慧的结晶，是中国特色社会主义理论体系的重要组成部分，是全党全国人民为实现中华民族伟大复兴而奋斗的行动指南，必须长期坚持并不断发展。要深入理解和把握习近平新时代中国特色社会主义思想的科学体系、精神实质、丰富内涵、实践要求，把习近平新时代中国特色社会主义思想贯彻到社会主义现代化建设全过程、体现到党的建设各方面，更好地统筹推进"五位一体"总体布局、协调推进"四个全面"战略布局，不断开创新时代中国特色社会主义伟大事业新局面。

2. 把最广大人民的根本利益作为全部工作的出发点和落脚点，始终与人民群众共命运，让人民真正共享发展成果

人民是创造历史的根本动力。中国共产党坚持马克思主义的群众观点，坚持全心全意为人民服务的宗旨，始终把实现和维护最广大人民的根本利益作为党的理论和路线方针政策以及全部工作的根本依据，始终深深扎根于人民之中，为中国人民和中华民族的根本利益不懈奋斗。只有深刻认识人民创造历史的伟力，真诚代表中国最广大人民的根本利益，一切为了人民，一切依靠人民，中国共产党才能得到人民的充分信赖和拥护，社会主义现代化建设事业才能无往而不胜。

3. 办好中国的事情，关键在中国共产党

走好社会主义现代化建设的新征程，必须加强党的建设，为全体人民提供坚强的领导核心。中国共产党的领导是中国特色社会主义最本质的特征，是中国特色社会主义制度的最大优势。党政军民学，东西南北中，党是领导一切的。进行伟大斗争、建设伟大工程、推进伟大事业、实现伟大梦想，其中起决定性作用的是党的建设新的伟大工程。必须增强政治意识、大局意识、核心意识、看齐意识，坚定道路自信、理论自信、制度自信、文化自信，坚决维护党中央权威和集中统一领导，把"四个意识"落实在岗位上、落实在行动上，不折不扣执行党中央决策部署，始终在思想上政治上行动上同以习近平同志为核心的党中央保持高度一致，确保社会主义现代化建设沿着正确方向前进。切实加强党的长期执政能力建设、先进性和纯洁性建设，全面推进党的政治建设、思想建设、组织建设、作风建设、纪律建设，把制度建设贯穿其中，深入推进反腐败斗争，推动全面从严治党向纵深发展，不断提高党把方向、谋大局、定政策、促改革的能力和定力，不断提高党领导经济社会发展的能力。

4. 继续坚持以经济建设为中心，一心一意谋发展

改革开放近40年来，我国经济持续较快发展，社会生产能力在很多方面进入世界前列，但是我国仍处于并将长期处于社会主义初级阶段

的基本国情没有变，我国是世界最大发展中国家的国际地位没有变。我们要坚持以经济建设为中心，坚持稳中求进工作总基调，贯彻新发展理念、建设现代化经济体系，坚持质量第一、效益优先，以供给侧结构性改革为主线，着力加快建设实体经济、科技创新、现代金融、人力资源协同发展的产业体系，着力构建市场机制有效、微观主体有活力、宏观调控有度的经济体制，不断增强我国经济创新力和竞争力。要深化供给侧结构性改革，加快建设创新型国家。实施乡村振兴战略，促进区域协调发展，推动形成全面开放新格局。坚持全面深化改革，加快完善社会主义市场经济体制，推进国家治理体系和治理能力现代化。坚持以人民为中心的发展思想，切实保障和改善民生，不断促进人的全面发展、全体人民共同富裕。坚持节约优先、保护优先、自然恢复为主的方针，形成节约资源和保护环境的空间格局、产业结构、生产方式、生活方式。通过发展，不断满足人民对于美好生活的向往。

七、新理念：新时代贯彻新发展理念

　　理念是行动的先导，一定的发展实践都是由一定的发展理念来引领的。发展理念是否对头，从根本上决定着发展成效乃至成败。习近平总书记在党的十九大报告中指出："发展是解决我国一切问题的基础和关键，发展必须是科学发展，必须坚定不移贯彻创新、协调、绿色、开放、共享的发展理念。必须坚持和完善我国社会主义基本经济制度和分配制度，毫不动摇巩固和发展公有制经济，毫不动摇鼓励、支持、引导非公有制经济发展，使市场在资源配置中起决定性作用，更好发挥政府作用，推动新型工业化、信息化、城镇化、农业现代化同步发展，主动参与和推动经济全球化进程，发展更高层次的开放型经济，不断壮大我国经济实力和综合国力。""坚持新发展理念"成为新时代坚持和发展中国特色社会主义基本方略的重要原则和组成部分，是我们在中国特色社会主义新时代，全面建成小康社会、实现"两个一百年"奋斗目标的理论指导和行动指南。

　　新发展理念符合我国国情，顺应时代要求，在理论和实践上有新的突破，对破解发展难题、增强发展动力、厚植发展优势具有重大指导意义。

（一）新发展理念的提出背景

　　发展理念是管全局、管根本、管方向、管长远的东西，是发展思路、发展方向、发展着力点的集中体现。发展是一个不断变化的进程，发展环境不会一成不变，发展条件不会一成不变，发展理念自然也不会一成不变。新发展理念是关系我国发展全局的一场深刻变革。发展是人类永恒的主题。发展理念是否科学、是否先进，直接决定着一个国家发展能力和发展水平的高低。长期以来，西方主流经济学主张以发达国家为样板，进行直线式发展，但并不符合发展中国家千差万别的国情；而欠发达国家中流行的诸如中心外围论、依附论等理论，主张与发达国家"脱钩"或独立发展，在经济全球化的今天也并不现实。既然这些理论都不能完全适应我国发展实际，那么，作为最大发展中国家的中国到底应该以怎样的发展理念为指引，走一条怎样的发展道路就至关重要。

近代以来，面对"三千年未有之大变局"，中国人走向了追求"独立""富强"的道路。"富强"需要通过发展来实现，因此，发展是近代以来，尤其是改革开放 30 多年来，中国社会最大的共识。但是在不同历史时期，我们党总是根据形势和任务的变化，适时提出相应的发展理念和战略，引领和指导发展实践，这一点在新中国成立以后表现得尤为明显。我们相继提出了"多快好省""可持续发展""科学发展"等发展理念，每一次发展理念、发展思路的创新和完善，都推动实现了发展的新跨越。反思不同历史时期的发展理念，可以发现，在人们的观念中，发展是共识，在如何发展的认识上是有差异的。在"我国发展站到了新的历史起点上，中国特色社会主义进入了新的发展阶段"时，"新发展理念"的提出显得尤为重要。

当前，世界经济在大调整大变革之中出现了一些新的变化趋势，原有增长模式难以为继，科技创新孕育新的突破。我国发展的环境、条件、任务、要求等都发生了新的变化，我国发展仍处于重要战略机遇期，但战略机遇期的内涵已经发生深刻变化，经济发展进入新常态，转方式、调结构的要求日益迫切。面对这种新变化新情况，再坚持粗放发展模式、简单地追求增长速度，显然行不通，必须确立新发展理念来引领和推动我国经济发展，不断开创经济发展新局面。

我国经济结构正在发生重大变化，供给体系质量有待进一步提升。经过改革开放 30 多年的发展，我国社会生产力水平显著提高，经济增速在世界主要国家中一直居于前列，并且对世界经济增长作出了突出贡献。我国 220 多种主要工农业产品生产能力稳居世界第一位。但必须看到，我国生产能力虽然强大，但大多数只能满足中低端、低质量、低价格的需求，生产能力中有大量过剩产能，供给结构不适应需求新变化，有效供给又严重不足，在关键核心技术上长期受制于人，一些重要原材料、关键零部件、高端设备、优质农产品依赖进口，旅游、体育、健康、养老、家政等领域供给也不能很好满足居民需要。这些是我国经济面临的最突出的结构失衡矛盾。此外，我们必须清醒地认识到，完成供给侧结构性改革更艰巨的任务还在后面，去产能市场化、法制化手段有待进一步完善，去库存的政策需要更加精准，去杠杆需要下大气力，降成本很多体制机制性障碍还未消除，补短板需要进一步聚焦，思想认识水平也需要进一步提升。解决这样的矛盾，只有更新发展理念，推进供给侧结构性改革，提高供给质量，适应新需求变化，才能在更高水平上实现供求关系新的动态平衡。

科技革命和产业革命深刻改变世界发展格局。当前，全球新一轮科技革命和产业变革孕育兴起，特别是信息技术、生物技术、制造技术、新材料技术、新能源技术等广泛渗透到几乎所有领域，带动了以绿色、智能为特征的群体性重大技术变革，大数据、云计算、移动互联网等新一代信息技术同机器人和人工智能制造技术相互融合步伐加快，正在引领国际产业分工重大调整，重塑世界格局，改变国家力量对比。我国既面临赶超跨越的难得历史机遇，也面临差距拉大的严峻挑战。对标国际科技前沿，我国在量子通信、高温超导、中微子振荡等基础研究和应用基础研究领域取得一大批重大原创成果，国家科技重大专项实现一系列重大技术和工程突破，我国在深空、深海、深地、深蓝等战略必争领域，取得了载人航天和探月工程、载人深潜、深地钻探、超级计算机等一批具有国际影响的标志性重大科技成果，国际影响力大幅提升。同时，我们也要看到，我国基础研究仍然薄弱，原创性技术、颠覆性技术相对不足，不少领域核心技术受制于人，这要求我们必须更加有效地集成科技资源，加快创新，加快突破。

农业农村农民问题是关系国计民生的根本性问题，党中央坚持把解决好"三农"问题作为全党工作的重中之重，出台了一系列强农惠农政策，实现了农业连年丰收、农民收入持续提高、农村社会和谐稳定，社会主义新农村建设呈现新面貌。但当前我国最大的发展不平衡，是城乡发展不平衡，最大的发展不充分，是农村发展不充分。农业发展质量效益和竞争力不高，农民增收后劲不足，农村自我发展能力弱，城乡差距依然较大，"三农"问题的解决，必须要采取超常规振兴措施，在城乡统筹、融合发展制度设计、政策创新上想办法、求突破。

党的十八大以来，党中央对经济形势作出重大判断、对经济工作作出重大决策、对经济工作思想方法作出重大调整，明确了我国已经进入经济发展新常态，形成了以新发展理念为指导的政策体系，初步确立了适应经济发展新常态的经济政策框架。

新发展理念，是我们党在深刻总结国内外发展经验教训、深入分析国内外发展大势的基础上形成的，是针对我国经济发展进入新常态、世界经济复苏低迷开出的治本之策，凝聚着对经济社会发展规律的深入思考。新发展理念深刻揭示了实现更高质量、更有效率、更加公平、更可持续发展的必由之路，体现了时代新要求，是影响我国发展全局的一场重大变革。新发展理念深刻地体现了习近平新时代中国特色社会主义思想对发展这一时代课题的深刻洞悉，为我国实现可持续发展提供了科学指南。

新发展理念的核心仍然是发展，要更好地发展。对于一个经济发展不平衡的人口大国，经济的持续、快速增长仍然是摆在我们面前的第一要务，发展仍然是中国社会的主题。当下，我国社会主要矛盾已经转化为人民日益增长的美好生活需要和不平衡不充分的发展之间的矛盾，这一社会主要矛盾表明，我们在满足人民群众的物质文化需要这一问题还没有根本解决，要满足人民日益增长的美好生活需要，需要提出发展新理念，以引领发展新实践。新发展理念既是发展的目的，也是发展的手段，深刻回答了"谁来发展，发展为了谁，实现什么样的发展，如何实现这样发展"等问题，这不仅反映了中国共产党人在发展的价值观上的理论自觉，更是凸显了中国共产党人在发展的历史观上的理论自觉。

（二）准确把握新发展理念的科学内涵

新发展理念是针对当前我国发展面临的突出问题和挑战提出来的战略指引。创新，注重的是解决发展动力问题，在国际发展竞争日趋激烈和我国发展动力转换的形势下，只有把发展基点放在创新上，形成促进创新的体制架构，才能塑造更多依靠创新驱动、更多发挥先发优势的引领型发展。协调，注重的是解决发展不平衡问题，只有坚持区域协同、城乡一体、物质文明精神文明并重、经济建设国防建设融合，才能在协调发展中拓宽发展空间，在加强薄弱领域中增强发展后劲。绿色，注重的是解决人与自然和谐问题，只有坚持绿色富国、绿色惠民，为人民提供更多优质生态产品，推动形成绿色发展方式和生活方式，才能协同推进人民富裕、国家富强、中国美丽。开放，注重的是解决发展内外联动问题，只有丰富对外开放内涵，提高对外开放水平，协同推进战略互信、经贸合作、人文交流，才能开创对外开放新局面，形成深度融合的互利合作格局。共享，注重的是解决社会公平正义问题，只有让广大人民群众共享改革发展成果，才能真正体现社会主义制度优越性。

创新是引领发展的第一动力。发展动力决定发展速度、效能、可持续性。对我国这么大体量的经济体来讲，如果动力问题解决不好，要实现经济持续健康发展和"两个翻番"是难以做到的。坚持创新发展，促进发展方式的变革，这涉及发展动力转换的问题，随着社会变迁，人类社会从农业文明向工业文明的过渡，发展的动力也会随之变迁。在传统农业社会，人力（主要是体力）是主要动力，所谓人多力量大。在工业社会，科技是主要动力，所谓科学技术是生产力。而在信息化时代，创新

（主要是但不仅限于科技创新）是社会发展的主要动力。以此观之，之所以强调创新，这与中国所处发展阶段息息相关。纵观近几十年的发展历程，中国的改革是在"问题倒逼"的情况下开启的，通过发挥"后发优势"，引进西方部分先进技术和管理经验实现了跨越式发展，在此过程中采取"结果导向"，对创新的重要性认识不够。但发展到一定阶段后，利用引进技术而获得的"后发优势"红利逐渐降低甚至消耗殆尽，发达国家对我国的技术转让条件和门槛越来越高。对此，我们必须以创新为驱动，推动产业转型升级。坚持创新发展，是分析近代以来世界发展历程特别是总结我国改革开放成功实践得出的结论，是应对发展环境变化、增强发展动力、把握发展主动权，更好引领新常态的根本之策。习近平总书记指出，抓住了创新，就抓住了牵动经济社会发展全局的"牛鼻子"。树立创新发展理念，就必须把创新摆在国家发展全局的核心位置，不断推进理论创新、制度创新、科技创新、文化创新等各方面创新，让创新贯穿党和国家一切工作，让创新在全社会蔚然成风。

协调是持续健康发展的内在要求。过去30多年中国的发展呈现出片面性，在个别地区，为了创造更多的社会财富，一些对环境造成严重污染的产业仓促上马，对资源的过度攫取，对人民的身体健康和自然环境造成威胁和破坏。在发展过程中，将"以经济建设为中心"理解为"以经济建设为唯一"，由于政绩考核的引导，盲目追求GDP的数量，而不顾GDP的质量，由此也产生了区域、行业、城乡、经济和社会、物质文明和精神文明等关系的不协调的局面。面对这些问题，党中央提出要坚持协调性发展、整体性发展，促进发展领域变革。新形势下，协调发展具有一些新特点。比如，协调既是发展手段又是发展目标，同时还是评价发展的标准和尺度；协调是发展两点论和重点论的统一，既要着力破解难题、补齐短板，又要考虑巩固和厚植原有优势，两方面相辅相成、相得益彰，才能实现高水平发展；协调是发展平衡和不平衡的统一，协调发展不是搞平均主义，而是更注重发展机会公平、更注重资源配置均衡；协调是发展短板和潜力的统一，协调发展就是找出短板，在补齐短板上多用力，通过补齐短板挖掘发展潜力、增强发展后劲。树立协调发展理念，就必须牢牢把握中国特色社会主义事业总体布局，正确处理发展中的重大关系，重点促进城乡区域协调发展，促进经济社会协调发展，促进新型工业化、信息化、城镇化、农业现代化同步发展，在增强国家硬实力的同时注重提升国家软实力，不断增强发展整体性。

绿色是永续发展的必要条件和人民对美好生活追求的重要体现。绿色发展，就是要解决好人与自然和谐共生问题。人类发展活动必须尊重自然、顺应自然、保护自然，否则就会遭到大自然的报复，这个规律谁也无法抗拒。人因自然而生，人与自然是一种共生关系，对自然的伤害最终会伤及人类自身。只有尊重自然规律，才能有效防止在开发利用自然上走弯路。早在1987年，党的十三大报告就已经指出要"加强生态环境的保护，把经济效益、社会效益和环境效益很好地结合起来"。只是当时经济发展的问题更加急迫，生态问题还没有像现在这样突出。人们对"以经济建设为中心"的误读，各级政府对政绩的崇拜与老百姓对物质生活水平改善的强烈需求导致环境问题的产生。但是，发展毕竟是合规律性和合目的性的统一，必须遵循自然规律，必须将人类社会发展的速度和强度控制在环境可承受的范围内。党的十八大将生态文明建设独立出来作为"五位一体"的一个方面，绿色发展就是面对环境承载力已达到或接近上限这一严峻问题而提出的。树立绿色发展理念，就必须坚持节约资源和保护环境的基本国策，坚持可持续发展，坚定走生产发展、生活富裕、生态良好的文明发展道路，加快建设资源节约型、环境友好型社会，形成人与自然和谐发展的现代化建设新格局，推进美丽中国建设，为全球生态安全作出新贡献。

开放是国家繁荣发展的必由之路。实践告诉我们，要发展壮大，必须主动顺应经济全球化潮流，坚持对外开放，充分运用人类社会创造的先进科学技术成果和有益管理经验。要看到现在搞开放发展，面临的国际国内形势同以往有很大不同，总体上有利因素更多，但也面临更深层次的风险挑战：国际力量对比正在发生前所未有的积极变化，但更加公正合理的国际政治经济秩序的形成依然任重道远；世界经济逐渐走出国际金融危机阴影，但还没有找到全面复苏的新引擎；我国在世界经济和全球治理中的分量迅速上升，但经济大而不强问题依然突出，我国经济实力转化为国际制度性权力依然需要付出艰苦努力；我国对外开放进入引进来和走出去更加均衡的阶段，但支撑高水平开放和大规模走出去的体制和力量仍显薄弱。坚持开放发展，促进发展格局变革。扩大开放和深化改革是相辅相成的，扩大开放所形成的外部压力和倒逼效应，成为推动国内体制变革和创新的动力。当然开放不仅是向发达经济体的开放，也包括面向新兴市场和发展中国家的开放。一方面，要继续从发达国家进口先进技术和设备，继续引进先进管理经验。同时，要利用我国商品、资本、技术和市场优势及改革开放的成功经验，扩大对新兴市场和发展中国家的出口，加大"走出去"的力度。开放不仅是技术、产品的出口和进口，也包括思想的出口和进口，尤其是积极参与全球治理。推动国际治理体系改革完善，促进国际经济社会秩序朝着平等、公正、合作、共赢的方向发展，提升中国在全球治理中的话语权。树立开放发展理念，就必须顺应我国经济深度融入世界经济的趋势，奉行互利共赢的开放战略，坚持内外需协调、进出口平衡、引进来和走出去并重、引资和引技引智并举，发展更高层次的开放型经济，积极参与全球经济治理和公共产品供给，提高我国在全球经济治理中的制度性话语权，构建广泛的利益共同体。

共享是中国特色社会主义的本质要求。发展本身不是目的，当下中国的发展不是为了发展而发展，也不是为了少数人的利益而发展，而是人人参与、发展成果人人共享的发展。马克思在《共产党宣言》中指出，"无产阶级的运动是绝大多数人的，为绝大多数人谋利益的独立的运动"，这就很好地阐明了发展主体与发展目的的关系，"绝大多数人的运动"的价值和目的是"为绝大多数人的",而"为绝大多数人"的主体是"绝大多数人的运动"。中国共产党人在发展实践中将这一理念逐渐提炼为"一切为了群众,一切依靠群众""科学发展观核心是以人为本""人民对美好生活的期待,就是我们的奋斗目标""人人共享发展成果"等。这既是对马克思主义发展观的继承,也是对时代问题的回应。共享发展理念,其内涵主要有四个方面:一是全民共享,即共享发展是人人享有、各得其所,不是少数人共享、一部分人共享。二是全面共享,即共享发展就要共享国家经济、政治、文化、社会、生态文明各方面建设成果,全面保障人民在各方面的合法权益。三是共建共享,即只有共建才能共享,共建的过程也是共享的过程。四是渐进共享,即共享发展必将有一个从低级到高级、从不均衡到均衡的过程,即使达到很高的水平也会有差别。树立共享发展理念,就必须坚持发展为了人民、发展依靠人民、发展成果由人民共享,作出更有效的制度安排,使全体人民在共建共享发展中有更多获得感,增强发展动力,增进人民团结,朝着共同富裕方向稳步前进。

(三)新时代贯彻新发展理念的重大部署

党的十八大以来的五年,是党和国家发展进程中极不平凡的五年,中国在一系列发展问题上取得了关键性突破和历史性成就。这些成就,源于坚持了新发展理念,蹚出了发展的新道路。我们掌握了"认识世界"的真理,才能获得"改造世界"的力量,新发展理念,既是人们头脑中的一场革命,更开拓了泱泱大国发展的新境界。

党的十九大报告对当前国内经济形势有科学的判断。在充分肯定党的十八大以来取得的历史成就的同时,又清醒深刻地指出了面临的困难和挑战,指出我国经济已由高速增长阶段转向高质量发展阶段,正处在转变发展方式、优化经济结构、转换增长动力的攻关期,建设现代化经济体系是跨越关口的迫切要求和我国发展的战略目标。解决当前重大和突出的问题，根本上还是要贯彻落实新发展理念，以供给侧结构性改革为主线，坚持质量第一、效益优先，实现经济可持续健康发展。

党中央作出贯彻新发展理念，建设现代化经济体系这一新的重大部署，这是面对当前经济新常态而提出的一种全新的理念和部署，是我国经济向形态更高级、分工更优化、结构更合理的阶段演进，实现经济由大到强的必由之路。我们要深刻理解新发展理念和现代化经济体系，将其与坚持我党为中国人民谋幸福、为中华民族谋复兴的初心和新时代既要全面建成小康社会、实现第一个百年奋斗目标，又要乘势而上开启全面建设社会主义现代化国家新征程，向第二个百年奋斗目标进军的历史使命相结合；将其与把握中国特色社会主义进入新时代，社会主要矛盾已经转化为人民日益增长的美好生活需要和不平衡不充分的发展之间的矛盾这一科学判断相结合。只有深刻理解和把握这一新的理念和部署，才能瞄准方向，在谋划今后工作时有的放矢，努力推动经济发展质量变革、效率变革、动力变革，提高全要素生产率，加快建设实体经济、科技创新、现代金融、人力资源协同发展的产业体系。

1. 贯彻新发展理念，必须深化供给侧结构性改革

随着我国社会主要矛盾转化和经济由高速增长阶段转向高质量发展阶段，制约经济持续健康发展的因素既有供给问题也有需求问题，既有结构问题也有总量问题，但供给侧和结构性的问题是矛盾的主要方面。要解决这一矛盾，必须深化供给侧结构性改革。

推动供给侧结构性改革，要把提高供给体系质量作为主攻方向，全面提高产品和服务质量。树立质量第一的强烈意识，加强全面质量管理，强化知识产权保护和管理，提升竞争质量，加强品牌建设，增强核心竞争力。要加快增长动力转换，全面提升实体经济特别是制造业水平。加快发展先进制造业，推动互联网、大数据、人工智能和实体经济深度融合，在中高端消费、创新引领、绿色低碳、共享经济、现代供应链、人力资本服务等领域培育新增长点、形成新动能。支持传统产业优化升

级，加快发展现代服务业，瞄准国际标准提高水平。加大投入支持传统产业技术改造，促进我国产业迈向全球价值链中高端，培育若干世界级先进制造业集群。要强化基础体系支撑，加强水利、铁路、公路、水运、航空、管道、电网、信息、物流等基础设施网络建设。重点加快提高基础设施现代化水平，着力形成基础设施平衡发展格局，全面提升基础设施互联互通水平，进一步发挥基础设施对国民经济发展的重要支撑作用，更好地满足经济发展和人民群众的需要。要发挥人力资本作用，更加注重调动和保护人的积极性。一方面，要激发和保护企业家精神，鼓励更多社会主体投身创新创业。另一方面，要建设知识型、技能型、创新型劳动者大军，弘扬劳模精神和工匠精神，营造劳动光荣的社会风尚和精益求精的敬业风气。

推动供给侧结构性改革，必须持续扩大去产能。要继续推动钢铁、煤炭行业化解过剩产能，适时将去产能范围扩大到更多产能过剩行业。要更加严格执行环保、能耗、技术、质量和安全等法规和标准，更多运用市场机制实现优胜劣汰。要紧紧抓住处置僵尸企业这个"牛鼻子"，把去产能与深化国有企业改革、推进企业兼并重组和升级改造结合起来，妥善处置企业债务，做好人员安置工作。要尽快修订完善有关资产处置、债务清偿、破产清理等方面的法律法规，为处置僵尸企业提供法制保障。要加大中央财政对去产能中下岗职工生活保障等方面的支持，发挥好地方政府作用，保持社会大局稳定。

推动供给侧结构性改革，必须因城施策去库存。要坚持分类调控，因城因地施策，重点解决三四线城市房地产库存过多问题。要围绕促进1亿农业转移人口市民化的目标，加快落实户籍制度改革，把去库存和促进人口城镇化结合起来。加强特大城市和中小城市互联互通，加快大中小城市网络化进程，提高中小城市教育、医疗等基本公共服务均等化水平，增强中小城市对人口的吸引力。各地要根据当地实际，从改善市场供求关系出发，因地制宜采取各有侧重的去库存政策措施。要坚持房子是用来住的、不是用来炒的定位，大力发展住房租赁市场，鼓励长租公寓等租赁业务发展，加快建立健全房地产基础性制度和长效机制。

推动供给侧结构性改革，必须积极稳妥去杠杆。要坚决管住货币信贷总闸门，防止宏观杠杆率继续快速上升。要把国有企业降杠杆作为重中之重，落实好市场化法治化债转股，加大股权融资力度。要把企业去杠杆同推动国有企业混合所有制改革结合起来，盘活存量资产，优化增量资产。要发挥资本市场和各类金融机构作用，促进企业兼并重组。建立国有企业资产负债约束机制，加强企业自身债务杠杆约束。同时，要规范地方政府举债行为，严控地方政府债务增量，稳妥处置现有隐性债务。

推动供给侧结构性改革，必须综合施策降成本。要强化放水养鱼意识，在减税、降费、降低要素成本等方面加大工作力度。降低各类交易成本特别是制度性交易成本，减少审批环节，降低各类中介评估费用，加大对垄断行业、垄断环节违法违规收费的监管力度。要深化能源、交通、就业等体制改革，降低企业用电和物流成本，提高劳动力市场灵活性。

推动供给侧结构性改革，必须扎实有效补短板。要从严重制约经济社会发展的重要领域和关键环节、从人民群众迫切需要解决的突出问题着手，既补硬短板也补软短板，既补发展短板也补制度短板。要通过改革使市场价格机制真正引导资源配置，营造有国际竞争力的营商环境，增强微观主体内生动力。鼓励民间资本进入医疗、养老、教育等社会领域，解决好人民群众反映强烈的教育、卫生、食品质量安全、生态环境等问题。要加大提升人力资本、突破共性技术、改善基础设施薄弱环节等补短板力度，提高供给质量，增强发展后劲。要做好精准脱贫工作，在补短板中促进实现共同发展、公平发展。

2. 贯彻新发展理念，必须加快建设创新型国家

加快建设创新型国家，要坚定实施创新驱动发展战略。要突出科技

创新对供给侧结构性改革和培育发展新动能的支撑引领作用。一是要围绕新一代信息网络、智能绿色制造、现代农业、现代能源、资源高效利用和生态环保、海洋和空间等领域推动产业技术体系创新，注重运用新技术新业态改造升级传统产业，以技术的群体性突破支撑引领新兴产业集群发展。二是促进技术创新和管理创新、商业模式创新融合，拓展数字消费、电子商务、现代物流、互联网金融等新兴服务业，大力发展数字经济、平台经济、共享经济、智能经济。三是大力推动创新创业，建立一批低成本、便利化、开放式的众创空间和虚拟创新社区，孵化培育"专精特新"的创新型小微企业。四是打造新的经济增长点、增长带、增长极，深入推进北京、上海建设具有全球影响力的科技创新中心，加快推进京津冀、长江经济带、东西部协同创新，强化国家自主创新示范区和国家高新区的辐射带动作用，建设一批具有强大带动作用的创新型城市和区域创新中心。

加快建设创新型国家，要推动科技创新重点领域取得新突破。面向世界科技前沿、面向经济主战场、面向国家重大需求，是我国科技创新的战略主攻方向。必须更加有效地集成科技资源，加快突破。一是加强基础研究和应用基础研究，强化新思想、新方法、新原理、新知识的源头储备。二是聚焦国家科技重大专项，组织产学研联合攻关，在信息、生物、新能源、新材料、人工智能等领域突破一批关键共性技术。三是启动"科技创新2030—重大项目"，加大对空间、海洋、网络、材料、能源、健康等领域的攻关力度，突破并掌握一批原创性、颠覆性技术。四是推动现代工程技术的攻关和示范应用，面向海洋工程、重型装备、交通运输、电力电网、现代农业等领域，加强技术开发与集成、装备研制及大规模应用。

加快建设创新型国家，要加强国家创新体系建设。国家创新体系是决定国家发展水平的基础，战略科技力量是国家创新体系的中坚力量，国际竞争很大程度上是科技创新能力体系的比拼。必须大力加强体系能力建设，系统打造我国战略科技力量。一是在重大创新领域布局国家实验室，建设体现国家意志、具有世界一流水平的战略科技创新基地。二是聚焦能源、生命、粒子物理等领域建设一批重大科技基础设施，加快建设上海张江、安徽合肥、北京怀柔 3 个综合性科学中心。三是优化整合国家科研基地和平台布局，围绕国家战略和创新链进行布局，推动科技资源开放共享。四是按照企业为主体，市场为导向，产学研深度融合的要求推动技术创新，建设一批引领企业创新和产业发展的国家技术创新中心，支持量大面广的中小企业提升创新能力，培育一批核心技术能力突出、集成创新能力强的创新型领军企业。我们建设的国家创新体系是开放的，不是封闭的，要全方位提升科技创新的国际化水平，打造"一带一路"协同创新共同体，积极牵头或参与国际大科学计划和工程。

加快建设创新型国家，要建设高端科技创新人才队伍。创新驱动实质上是人才驱动，综合国力竞争归根到底是人才竞争。党的十九大报告提出加强战略科技人才、科技领军人才、青年科技人才和高水平创新团队建设，这要成为实施创新驱动发展战略的优先任务，一定要抓紧抓好。一是推进创新型科技人才结构战略性调整，加大高端科技创新人才队伍建设，突出"高精尖缺"导向，加强战略科技人才、科技领军人才、高水平创新团队的选拔和培养。二是瞄准世界科技前沿和战略性新兴产业，支持和培养具有发展潜力的中青年科技创新领军人才，对青年人才开辟特殊支持渠道。三是培养造就一批具有时代战略眼光、创新能力和社会责任感的企业家人才队伍，依法保护企业家的创新收益和财产权。四是继续加大海外高层次人才引进力度，面向全球引进首席科学家等高层次创新人才，实现精准引进。五是大力推进创新教育，提升全社会创新意识和创新能力，造就规模宏大、富有创新精神、敢于承担风险的创新创业人才队伍。

加快建设创新型国家，要深化科技体制改革。建设创新型国家必须坚持科技创新和体制机制创新双轮驱动，两个轮子协调运转，才能把创新驱动的新引擎全速发动起来。党的十九大报告提出要深化科技体制改革，我们要在落实的力度和方法上下功夫。一是完善支持企业创新的普惠性政策体系，加大研发费用加计扣除、高新技术企业税收优惠、固定资产加速折旧等政策的落实力度。二是推进项目评审、人才评价、机构评估改革，激发科技人员积极性。三是完善国家技术转移体系，培育一批专业化水平高、服务能力强的国家技术转移机构，建立完善区域性、行业性技术市场，打造链接国内外技术、资本、人才等创新资源的技术转移网络。四是强化知识产权创造、保护、运用，深化科技成果权益管理改革，完善科技成果转化激励评价制度，强化创新型国家在知识产权等方面的法治保障。五是营造公平、开放、透明的市场环境，建立符合国际规则的政府采购制度，扩大创新产品和服务的市场空间。

3. 贯彻新发展理念，必须大力实施乡村振兴战略

大力实施乡村振兴，并提高到战略高度，这是党中央着眼于推进"四化同步"、城乡一体化发展和全面建成小康社会作出的重大战略决策，是加快农业农村现代化、提升亿万农民获得感幸福感、巩固党在农村的执政基础和实现中华民族伟大复兴的必然要求，为新时代农业农村改革发展明确了重点、指明了方向。习近平总书记强调，任何时候都不能忽视农业、不能忘记农民、不能淡漠农村；中国要强，农业必须强；中国要美，农村必须美；中国要富，农民必须富。党的十九大报告从全局和战略高度，明确提出要坚持农业农村优先发展。这是一个重大战略思想，是党中央着眼"两个一百年"奋斗目标导向和农业农村短腿短板的问题导向作出的战略安排。表明在全面建设社会主义现代化国家新征程中，要始终坚持把解决好"三农"问题作为全党工作重中之重，真正摆上优先位置。贯彻农业农村优先发展指导思想，就要进一步调整理顺工农城乡关系，在要素配置上优先满足，在资源条件上优先保障，在公共服务上优先安排，加快农业农村经济发展，加快补齐农村公共服务、基础设施和信息流通等方面短板，显著缩小城乡差距。让农业成为有奔头的产

业，让农民成为有吸引力的职业，让农村成为安居乐业的家园。

实施乡村振兴战略，要按照产业兴旺、生态宜居、乡风文明、治理有效、生活富裕的总要求，建立健全城乡融合发展体制机制和政策体系，加快推进农业农村现代化。产业兴旺，就是要紧紧围绕促进产业发展，引导和推动更多的资本、技术、人才等要素向农业农村流动，调动广大农民的积极性、创造性，形成现代农业产业体系，实现一二三产业融合发展，保持农业农村经济发展旺盛活力。生态宜居，就是要加强农村资源环境保护，大力改善水电路气房讯等基础设施，统筹山水林田湖草保护建设，保护好绿水青山和清新清净的田园风光。乡风文明，就是要促进农村文化教育、医疗卫生等事业发展，推进移风易俗、文明进步，弘扬农耕文明和优良传统，使农民综合素质进一步提升、农村文明程度进一步提高。治理有效，就是要加强和创新农村社会治理，加强基层民主和法治建设，让社会正气得到弘扬、违法行为得到惩治，使农村更加和谐、安定有序。生活富裕，就是要让农民有持续稳定的收入来源，经济宽裕，衣食无忧，生活便利，共同富裕。在实践中，推进乡村振兴，必须把大力发展农村生产力放在首位，拓宽农民就业创业和增收渠道；必须坚持城乡一体化发展，体现农业农村优先的原则；必须遵循乡村自身发展规律，保留乡村特色风貌。

实施乡村振兴战略，要不断深化农村改革。深化农村土地制度改革，土地承包期再延长 30 年；深化农村集体产权制度改革，盘活农村集体资产，保障农民财产权益，多途径发展壮大集体经济；完善农业支持保护制度，改革完善财政补贴政策，探索建立粮食生产功能区、重要农产品生产保护区的利益补偿机制；以市场化为方向，深化粮食收储制度和价格形成机制改革，减少对市场的直接干预，保护生产者合理收益；完善农村金融保险政策和农产品贸易调控政策，促进产业健康发展。

实施乡村振兴战略，加快建设现代农业。一是确保国家粮食安全，把中国人的饭碗牢牢端在自己手中。要巩固和提升粮食产能，实施藏粮于地、藏粮于技战略，坚决保护耕地，大规模开展高标准农田建设，保护提升耕地质量，提高农业良种化、机械化、科技化、信息化水平。加快划定和建设粮食生产功能区和重要农产品生产保护区，健全主产区利益补偿机制，调动地方政府重农抓粮和农民务农种粮的积极性。二是加快构建现代农业三大体系。要加快构建现代农业产业体系，促进种植业、林业、畜牧业、渔业、农产品加工业和流通业、农业服务业转型升级和融合发展。加快构建现代农业生产体系，用现代物质装备武装农业，用现代科学技术服务农业，用现代生产方式改造农业，提升农业科技和装备应用水平，大力推进农业科技创新和成果应用，大力推进农业生产经营机械化和信息化，增强农业综合生产能力和抗风险能力。加快构建现代农业经营体系，大力培育新型职业农民和新型经营主体，健全农业社会化服务体系，提高农业经营集约化、组织化、规模化、社会化、产业化水平，加快农业转型升级。

实施乡村振兴战略，要进一步调整农业结构，促进农村一二三产业融合发展。调整优化农业产品结构、产业结构和布局结构，促进粮经饲统筹、农林牧渔结合、种养加销一体、一二三产业融合发展，延长产业链、提升价值链。强化质量兴农，推进农业标准化生产、全程化监管，实施农业品牌战略，把增加绿色优质农产品放在突出位置，全面提升农产品质量安全水平。推进农业结构调整，当前要以玉米为重点推进种植业结构调整，以生猪和草食畜牧业为重点推进畜牧业结构调整，以保护资源和减量增收为重点推进渔业结构调整，以农产品加工业和农村"双创"为重点促进一二三产业融合发展，发展特色产业、休闲农业、乡村旅游、农村电商等新产业新业态。同时，要推进农业绿色发展。统筹推进山水林田湖草系统治理，全面加强农业面源污染防治，实施农业节水行动，强化湿地保护和修复，推进轮作休耕、草原生态保护和退耕还林还草，加快形成农业绿色生产方式。

实施乡村振兴战略，要发展多种形式适度规模经营，实现小农户和现代农业发展有机衔接。新型经营主体和适度规模经营是农业转方式、调结构、走向现代化的引领力量，要积极培育家庭农场、种养大户、合作社、农业企业等新主体，推进土地入股、土地流转、土地托管、联耕联种等多种经营方式，提升农业适度规模经营水平。我国国情决定了在相当长一个时期内普通农户仍是农业生产的基本面，要保护好小农户利益，健全利益联结机制，让小农户通过多种途径和方式进入规模经营、现代生产，分享现代化成果。要大力发展多元化的农业生产性服务，完善农资购买、机种机收、统防统治、烘干仓储等社会化服务体系。推进基层农技推广体系改革，探索建立公益性农技推广与经营性技术服务共同发展的新机制。

实施乡村振兴战略，要加强农业农村基础工作。坚定不移维护农村和谐稳定，以满足农民群众对美好生活的需要为根本目标，加强农村基层基础工作，创新农村社会治理，实现农村长治久安。一要健全自治、法治、德治相结合的乡村治理体系。"三治结合"是加强乡村治理的思路创新。要探索乡村治理新模式，发挥基层党组织领导核心作用，健全完善村民自治制度，推进村务公开，发挥社会各类人才、新乡贤等群体在乡村治理中的作用。加强农村法治建设，推进平安乡镇、平安村庄建设，开展突出治安问题专项整治，引导广大农民群众自觉守法用法，用法律维护自身权益。大力推进农村精神文明建设，弘扬优秀传统文化和文明风尚，依托村规民约、教育惩戒等褒扬善行义举、贬斥失德失范，唱响主旋律，育成新风尚。二要加强"三农"工作队伍建设。高度重视农业农村干部的培养、配备、使用，培养造就一支懂农业、爱农村、爱农民的"三农"工作队伍。要强化党的"三农"政策宣传和专业知识等培训，提升指导服务"三农"能本领。各级领导干部要深入农村、关心农业、关爱农民，县乡党委政府要把主要精力放在"三农"工作上。要优化农村基层干部队伍结构，加强和改进大学生村官工作，抓好选派"第一书记"工作，加大从优秀干部中考录乡镇公务员、选任乡镇领导干部的力度。"三农"工作队伍要对农业农村农民有深厚感情，传承"三农"工作的价值理念和优良传统。

4.贯彻新发展理念，必须实施区域协调发展战略

实施区域协调发展战略，对我国增强区域发展协同性，拓展区域发展新空间，推动建设现代化经济体系，具有重大战略意义。要根据党的十九大精神，全面落实区域协调发展战略的各项任务。

进一步支持革命老区、民族地区、边疆地区、贫困地区加快发展。老少边穷地区是我国特殊类型困难地区。要加大力度支持老少边穷地区改善基础设施条件，提高基本公共服务能力，培育发展优势产业和特色经济，加强生态环境建设，真正为老少边穷地区加快发展创造条件。

强化举措推进西部大开发形成新格局。要充分发挥"一带一路"建设的引领带动作用，加大西部开放力度，加快建设内外通道和区域性枢纽，完善基础设施网络，提高对外开放和外向型经济发展水平。加快培育发展符合西部地区比较优势的特色产业和新兴产业，增强产业竞争力。加强生态环境建设，筑牢国家生态安全屏障。

深化改革加快东北等老工业基地振兴。必须从深化改革上找出路，加快转变政府职能，减少政府对市场主体的不合理干预。深化国有企业改革，真正确立国有企业的市场主体地位，增强市场竞争力。积极改善营商环境，促进民营经济发展。进一步扩大开放，以开放推动改革不断深化，加快形成有活力的体制机制，促进东北振兴取得新突破。

进一步推动中部地区崛起。要进一步发挥优势，加强综合立体交通枢纽和物流设施建设，发展多式联运，构建现代综合交通体系和物流体系。加快建设现代产业体系，依托功能平台承接产业转移，发展现代农业、先进制造业和战略性新兴产业，培育一批有国际竞争力的产业集群。加快发展内陆开放型经济，全面融入"一带一路"建设，积极开展国际产能和装备制造合作。

率先实现东部地区优化发展。必须加快在创新引领上实现突破，充分利用和拓展创新要素集聚的特殊优势，打造具有国际影响力的创新高地。率先实现产业升级，引领新兴产业和现代服务业发展，打造全球先进制造业基地。率先建立全方位开放型经济体系，更高层次参与国际经济合作和竞争，增创扩大开放新优势。

继续推动京津冀协同发展。要加快北京城市副中心建设，优化空间格局和功能定位。推进交通、生态、产业三个重点领域率先突破，构建一体化现代交通网络，扩大环境容量和生态空间，优化产业布局，建设京津冀协同创新共同体。规划建设雄安新区，是以习近平同志为核心的党中央深入推进实施京津冀协同发展战略、积极稳妥有序疏解北京非首都功能的一项重大决策部署，要坚持"世界眼光、国际标准、中国特色、高点定位"的理念，高起点规划、高标准建设，努力将雄安新区打造成为贯彻新发展理念的创新发展示范区。

以共抓大保护、不搞大开发为导向推动长江经济带发展。必须把修复长江生态环境摆在压倒性位置，共抓大保护，不搞大开发，实施好长江防护林体系建设等生态保护修复工程，建设沿江绿色生态廊道。在此基础上，以畅通黄金水道为依托，建设高质量综合立体交通走廊，推进产业转型升级和新型城镇化建设，优化沿江产业和城镇布局，实现长江上中下游互动合作和协同发展。

坚持陆海统筹，加快建设海洋强国。要加快发展海洋经济，优化海洋产业结构，使海洋产业成为支柱产业，为建设海洋强国奠定坚实基础。深入实施以海洋生态系统为基础的综合管理，加大对海岸带、沿海滩涂保护和开发管理力度。统筹运用各种手段维护和拓展国家海洋权益，维护好我国管辖海域的海上航行自由和海洋通道安全。

推进形成新型城镇化发展新格局。要按照优化提升东部地区城市群、培育发展中西部地区城市群的要求，继续推进长三角、珠三角、京津冀、成渝、长江中游、中原、哈长、北部湾等城市群建设，形成一批参与国际合作和竞争、促进国土空间均衡开发和区域协调发展的城市群。

强化大城市对中小城市的辐射和带动作用，逐步形成横向错位发展、纵向分工协作的发展格局。完善城市群协调机制，加快城际快速交通体系建设，推动城市间产业分工、基础设施、生态保护、环境治理等协调联动，促进形成大中小城市和小城镇协调发展的城镇格局。加快农业转移人口市民化，要深化户籍制度改革，降低落户门槛，拓宽落户通道，确保到2020年我国户籍人口城镇化率提高到45%左右。加快居住证制度全覆盖，鼓励各地扩大对居住证持有人的公共服务范围并提高服务标准。建立健全财政转移支付同农业转移人口市民化挂钩、城镇建设用地增加规模与吸纳农业转移人口落户数量挂钩、中央预算内投资安排向吸纳农业转移人口落户数量较多的城镇倾斜的"三挂钩"激励机制，以及农业转移人口市民化成本分担机制。

5. 贯彻新发展理念，必须加快完善社会主义市场经济体制

完善社会主义市场经济体制，就是要建设统一开放、竞争有序的市场体系，使市场在资源配置中起决定性作用。

要加快完善产权制度，实现产权有效激励。完善产权制度必须坚持和完善我国基本经济制度。公有制为主体、多种所有制经济共同发展的基本经济制度，是中国特色社会主义制度的重要支柱，是社会主义市场经济体制的根基。完善产权制度，必须毫不动摇巩固和发展公有制经济，毫不动摇鼓励、支持、引导非公有制经济发展。完善产权制度要着力加强产权保护。以公平为核心原则，依法保护各种所有制经济产权和合法利益，依法保护各种所有制经济组织和自然人财产权。公有制经济财产权不可侵犯，非公有制经济财产权同样不可侵犯。要加强对各类产权的司法保护，依法严肃查处各类侵权行为。夯实这个基础，才可能实现各种所有制经济依法平等使用生产要素、公平参与市场竞争。在创新日益成为引领发展第一动力的今天，完善知识产权制度尤为重要，不仅要严格依法保护，还要在产权有效激励上实现突破。加快实行以增加知识价值为导向的分配政策，探索对科研人员实施股权、期权和分红激

励，充分发挥知识产权对科技创新和成果转化的长期激励作用。

要继续推进国企改革。在过去几年，国企改革的顶层设计已经制定，并列出了时间表。在未来几年，需要进一步落实和完善各类国有资产管理体制，改革国有资本授权经营体制，发展混合所有制经济，加快国有经济布局优化、结构调整、战略性重组。

要全面实施市场准入负面清单制度，清理废除妨碍统一市场和公平竞争的各种规定和做法，支持民营企业发展，激发各类市场主体活力。与此同时，打破行政性垄断，防止市场垄断，加快要素价格市场化改革，放宽服务业准入限制。着力清除市场壁垒，提高资源配置效率和公平性。

要加快建立现代财政制度，建立权责清晰、财力协调、区域均衡的中央和地方财政关系。建立全面规范透明、标准科学、约束有力的预算制度，全面实施绩效管理。要改进预算管理制度，完善税收制度，建立事权和支出责任相适应的制度，推动建立现代财政制度，深化税收制度改革，健全地方税体系。

要深化金融体制改革，增强金融服务实体经济能力。建设现代化经济体系，必须把发展经济的着力点放在实体经济上，把提高供给体系质量作为主攻方向。因此，金融部门必须立足于为实体经济服务并尽快增强服务能力，避免经济脱实向虚，防控金融风险。同时，还要健全货币政策和宏观审慎政策双支柱调控框架，深化利率和汇率市场化改革。健全金融监管体系，守住不发生系统性金融风险的底线。

建设现代化经济体系是一个长期的任务，但是时不我待，在 2020 年全面建成小康社会之前，中国需要打好防范化解重大风险、精准脱贫、污染防治的攻坚战，坚定不移深化供给侧结构性改革，这些任务都需要加快推进经济体制改革，防范化解重大风险，实现新旧动能的转变，而最基础的工作与最终的目标，是逐步建立市场机制有效、微观主体有活力、宏观调控有度的社会主义市场经济体制，不断增强我国经济创新力和竞争力，为实现社会主义现代化并最终成为社会主义现代化强国打下坚实的基础。

6. 贯彻新发展理念，推动形成全面开放新格局

扩大开放是我国实现国际产业链价值提升的关键。尽管我国发展成为全球最大贸易国和第二大经济体，对全球经济增长的贡献率超过30%，但是我国经济大而不强，要实现我国从富起来到强起来的根本性转变，必须坚持敞开大门，积极参与国际经济活动并发挥重要的作用，形成全面开放的新格局。通过国内外两个市场优化配置资源，为供给侧结构性改革营造更宽松、更有利的环境。

以"一带一路"建设为抓手，遵循共商共建共享原则，积极开展国际产业合作，充分利用我国的产能优势、资金优势、创新优势，重新塑造我国在国际产业链中的地位，迈向高端制造和现代服务业，从而提高资源配置的效率，实现更均衡、更充分的发展，提升我国的综合实力，在国际经济治理中发挥更大作用并彰显力量。

以创新推动科技进步，在高端制造领域、现代服务业形成足够多的有国际影响力的中国企业和中国品牌；提升金融服务实体经济能力，建设多层次金融市场，构建高效、服务供给侧结构改革需要的投融资渠道、机制和平台，引导国内外双向投资，加强财政金融产业政策的协调，发挥投资在打造创新型经济中的关键作用；大力推动人民币国际化，在互利共赢的前提下，推动人民币在"一带一路"沿线国家进行原油、铁矿石等大宗商品的计价结算，增加人民币金融产品，构建更加顺畅的人民币国际循环机制，为贸易、投资便利化提供物质基础，为减少美元汇率波动冲击、防范汇率风险增添保障。

此外，全面开放也需要处理好五个关系：一是"引进来"与"走出去"的关系。坚持"引进来"和"走出去"并重，在积极利用外资、引进国外先进的技术、管理经验、经营理念、提高利用外资质量和水平的同时，支持企业积极稳妥"走出去"，提升国际化经营水平，与东道国实现

共同发展。二是沿海开放与内陆沿边开放的关系。在深化沿海开放的同时，加大西部开放力度，推动中西部内陆和沿边地区走向开放的前沿，成为开放的新高地，形成陆海内外联动、东西双向互济的开放格局，促进我国的区域协调发展。三是制造业开放与服务业等其他领域开放的关系。我国的制造业开放比较早、领域比较宽，服务业开放相对滞后。需要在制造业进一步深度开放的同时，扩大服务业对外开放。四是货物贸易拓展和与其他贸易伙伴共同发展的关系。通过对外贸易的全面、平衡发展，推动贸易强国建设，推进我国与各贸易伙伴更好地开放，包括发展中经济体和发达经济体，实现共同发展。五是试点试验与全面推开的关系。在深入推进自贸试验区扩大开放试点试验、探索建设自由贸易港的基础上，对于成熟的、可复制推广的经验，适时在全国推开，以试点试验开放带动全国的全面开放。此外，我国还将以更加开放的姿态，积极参与全球经济治理，推动多边和区域经济合作，努力建设开放型世界经济。

新发展理念，从中国的伟大实践中来，是具有历史穿透力、现实针对性、未来指向性的科学理念，是中国对本国乃至世界发展议题的思考结晶。接下来，我们要进一步坚持新发展理念，坚持新发展理念就是指挥棒、红绿灯，在全社会崇尚创新、注重协调、倡导绿色、厚植开放、推进共享，在新时代续写新篇章，从新起点走好新征程，为决胜全面建成小康社会、夺取新时代中国特色社会主义伟大胜利、实现中华民族伟大复兴的中国梦、实现人民对美好生活的向往不懈奋斗。

八、新气象: 新时代社会主义民主政治发展

习近平总书记在党的十九大报告中指出："坚持党的领导、人民当家作主、依法治国有机统一是社会主义政治发展的必然要求。必须坚持中国特色社会主义政治发展道路，坚持和完善人民代表大会制度、中国共产党领导的多党合作和政治协商制度、民族区域自治制度、基层群众自治制度，巩固和发展最广泛的爱国统一战线，发展社会主义协商民主，健全民主制度，丰富民主形式，拓宽民主渠道，保证人民当家作主落实到国家政治生活和社会生活之中。""全面依法治国是中国特色社会主义的本质要求和重要保障。必须把党的领导贯彻落实到依法治国全过程和各方面，坚定不移走中国特色社会主义法治道路，完善以宪法为核心的中国特色社会主义法律体系，建设中国特色社会主义法治体系，建设社会主义法治国家，发展中国特色社会主义法治理论，坚持依法治国、依法执政、依法行政共同推进，坚持法治国家、法治政府、法治社会一体建设，坚持依法治国和以德治国相结合，依法治国和依规治党有机统一，深化司法体制改革，提高全民族法治素养和道德素质。"十九大报告强调，要坚持人民主体地位，健全人民当家作主制度体系，加强人民当家作主制度保障，并对深化依法治国实践作出全面部署，这些新部署新要求新举措，为我们在新时代条件下发展社会主义民主政治，指明了方向。

我国是工人阶级领导的、以工农联盟为基础的人民民主专政的社会主义国家，国家一切权力属于人民。我国社会主义民主是维护人民根本利益的最广泛、最真实、最管用的民主。发展社会主义民主政治就是要体现人民意志、保障人民权益、激发人民创造活力，用制度体系保证人

民当家作主。

中国共产党从成立之日起就以实现人民当家作主为己任，团结带领中国人民进行长期不懈奋斗。我们党领导的新民主主义革命，目的就是反对和推翻帝国主义、封建主义、官僚资本主义的统治，争取民族独立和人民自由幸福，实现人民当家作主。1949年中华人民共和国的成立，标志着中国政治实现了向人民民主的伟大跨越，开辟了中国人民当家作主的历史新纪元。

新中国成立后，为了保障人民当家作主，维护最广大人民根本利益，我们党在国家生活各个领域进行全面实践和探索，取得了显著成就。后来，由于"左"的指导思想的影响，特别是"文化大革命"期间，推行所谓"大民主"，致使党和人民事业遭受严重破坏和损失，人民当家作主权利受到侵犯和践踏。1978年12月，党的十一届三中全会实现了指导思想上的拨乱反正，开启改革开放历史新时期。改革开放30多年来，在党的领导下，我国社会主义民主政治建设取得历史性成就，成功开辟、拓展和坚持了中国特色社会主义政治发展道路，社会主义民主政治展现出巨大的优越性。

中国特色社会主义政治发展道路，是近代以来中国人民长期奋斗历史逻辑、理论逻辑、实践逻辑的必然结果，是坚持党的本质属性、践行党的根本宗旨的必然要求。世界上没有完全相同的政治制度模式，政治制度不能脱离特定社会政治条件和历史文化传统来抽象评判，不能定于一尊，不能生搬硬套外国政治制度模式。要长期坚持、不断发展我国社会主义民主政治，积极稳妥推进政治体制改革，推进社会主义民主政治制度化、规范化、程序化，保证人民依法通过各种途径和形式管理国家事务，管理经济文化事业，管理社会事务，巩固和发展生动活泼、安定团结的政治局面。

（一）正确认识坚持党的领导、人民当家作主、依法治国有机统一

坚持党的领导、人民当家作主、依法治国有机统一，是我国社会主义民主法治建设的基本经验，是中国特色社会主义法治道路的本质特征。在中国，发展社会主义民主政治，保证人民当家作主，保证国家政治生活既充满活力又安定有序，关键是要坚持党的领导、人民当家作主、依法治国有机统一。

坚持三者有机统一是对社会主义民主政治探索的科学总结。坚持党的领导、人民当家作主、依法治国三者有机统一，是我们党对如何建设社会主义民主政治这一重大问题进行长期艰辛曲折探索取得的重大理论成果。1945年，毛泽东同志在回答黄炎培先生提出的国家兴亡周期率问题时说："我们已经找到新路，我们能跳出这周期率。这条新路，就是民主。只有让人民来监督政府，政府才不敢松懈。只有人人起来负责，才不会人亡政息。"邓小平同志深刻指出："没有民主就没有社会主义，就没有社会主义的现代化。""为了保障人民民主，必须加强法制。"江泽民同志指出："党的领导、人民当家作主和依法治国的统一性，是社会主义民主政治的重要优势。"胡锦涛同志强调："中国共产党的领导，人民当家作主，依法治国基本方略，决定了我国社会主义国家政权的性质，什么时候都不能动摇。"2014年，习近平总书记在庆祝全国人民代表大会成立60周年大会上发表重要讲话，强调："在中国，发展社会主义民主政治，保证人民当家作主，保证国家政治生活既充满活力又安定有序，关键是要坚持党的领导、人民当家作主、依法治国有机统一。"通过对如何发展社会主义民主政治的长期艰辛探索，我们党不断深化对中国特色社会主义民主政治建设规律的认识，把三者有机统一提高到推进政治文明建设必须遵循的基本方针、社会主义政治文明区别于资本主义政治文明本质特征的新高度。党的领导、人民当家作主、依法治国三者有机统一，与西方的两院制、宪政民主、三权分立、多党制相比，具有无可比拟的优越性和

历史进步性。把党的领导、人民当家作主、依法治国三者有机统一起来，符合我国国情和实际，体现了我国社会主义国家性质，代表着我国最广大人民群众的根本利益，为真正实现人民当家作主提供了根本保障。

正确理解坚持党的领导、人民当家作主、依法治国三者有机统一，必须坚持辩证法。一是必须将三个方面作为内在统一、不可分割的整体来看待。分析其中任何一个方面，都不能脱离三者有机统一的大前提。二是必须坚持具体分析的方法。党的领导、人民当家作主、依法治国三者不是简单并列的关系。党的领导是中国特色社会主义最本质的特征，是人民当家作主和依法治国的根本保证；人民当家作主是社会主义民主政治的本质要求；依法治国是党领导人民治理国家的基本方略。坚持三者有机统一，党的领导是关键，离开党的领导，人民当家作主、依法治国就无法实现。

坚持党的领导是社会主义民主政治的根本保证。十九大报告提出，党政军民学，东西南北中，党是领导一切的。中国共产党的领导地位是历史的选择、人民的选择，坚持党的领导是社会主义民主政治的根本保证。中国共产党的理想信念是中国特色社会主义的本源。中国共产党以马克思主义为立党之本，以实现共产主义为最高理想，以全心全意为人民服务为根本宗旨。习近平总书记指出，改革开放以来，我们党带领全国各族人民开创中国特色社会主义道路、理论体系、制度，都源于这个理想信念。中国共产党的理想信念和价值追求，是中国特色社会主义的逻辑起点，中国共产党的领导与中国特色社会主义道路、理论体系、制度是一个统一的不可分割的整体。中国特色社会主义最本质的特征是中国共产党领导，中国特色社会主义制度的最大优势是中国共产党领导。只有从源头上深刻认识中国共产党的领导和中国特色社会主义的关系，才能准确把握党的领导对人民当家作主、依法治国的根本保障作用。

人民当家作主是社会主义民主政治的本质和核心。人民当家作主是社会主义民主政治建设的出发点和落脚点。人民立场是中国共产党的根本政治立场，是马克思主义政党区别于其他政党的显著标志。尊重人民主体地位，保证人民当家作主，是坚持党的领导的根本要求。根据我国国家制度的理论基础、制度构建和成功实践，人民当家作主的核心要义是：第一，国家一切权力属于人民，体现在国家根本性质（国体）上，就是工人阶级领导的、以工农联盟为基础的人民民主专政的社会主义国家，体现在国家政权组织形式（政体）上，就是人民通过各级人民代表大会行使国家权力。第二，国家建立健全法律制度和体制机制，保证人民依照法律规定，通过各种途径和形式，管理国家事务，管理经济文化事业，管理社会事务。第三，一切国家机关和国家工作人员必须依靠人民的支持经常保持同人民的密切联系，倾听人民的意见和建议，接受人民的监督，努力为人民服务。第四，国家制定实施的法律法规和方针政策，必须体现人民意志、尊重人民意愿、得到人民拥护，维护最广大人民根本利益。第五，国家各方面事业和各方面工作，必须坚持以人民为中心的发展思想，不断满足人民日益增长的美好生活需要，促进人的全面发展。

依法治国是社会主义民主政治的实现途径。依法治国，就是广大人民群众在党的领导下，依照宪法和法律规定，通过各种途径和形式管理国家事务，保证国家各项工作都依法进行，逐步实现社会主义民主的制度化、法律化。党的十八大以来，在以习近平同志为核心的党中央坚强领导下，全面依法治国纳入"四个全面"战略布局，展开了雄伟壮丽的新画卷，取得了新的历史性成就。经验教训告诉我们，为子孙后代计、为长远发展谋，必须坚定不移深化依法治国实践，推动社会主义法治深深扎根中国大地。

（二）十八大以来我国民主政治发展新成就

党的十八大以来，在以习近平为核心的党中央领导下，我国民主法治建设迈出重大步伐。积极发展社会主义民主政治，推进全面依法治国，党的领导、人民当家作主、依法治国有机统一的制度建设全面加强，党的领导体制机制不断完善，社会主义民主不断发展，党内民主更加广泛，社会主义协商民主全面展开，爱国统一战线巩固发展，民族宗教工作创新推进。科学立法、严格执法、公正司法、全民守法深入推进，法治国家、法治政府、法治社会建设相互促进，中国特色社会主义法治体系日益完善，全社会法治观念明显增强。国家监察体制改革试点取得实效，行政体制改革、司法体制改革、权力运行制约和监督体系建设有效实施。

1. 全面推进依法治国

党的十八大以来，以习近平同志为核心的党中央高度重视法治在全面推进国家治理和社会治理现代化的作用，围绕党的十八大提出的"全面依法治国"的新要求新任务，制定了更加完备的政策和行动纲领，不断推进社会主义法治理论和实践的健全和完善。依法治国方略在国家治理和社会治理的各个领域全面展开，在立法、执法、司法和守法等方面不断实践探索，在依法执政、依规治党、依宪治国、形成法律体系、建设法治政府和法治社会、推进司法改革等方面不断创新发展，取得了一系列重大的历史性成就。2013年，党的十八届三中全会通过的《中共中央关于全面深化改革若干重大问题的决定》首次提出"建设法治中国，必须坚持依法治国、依法执政、依法行政共同推进，坚持法治国家、法治政府、法治社会一体建设"，彰显了全面推进依法治国作为一项社会系统工程的特征，注重了法治建设的宏观指导性、政策统筹性以及制度有效性。2014年，党的十八届四中全会通过了《中共中央关于全面推进依法治国若干重大问题的决定》，进一步明确了全面依法治国的总目标和总蓝图、路线图、施工图，在我国法治史上具有重大的里程碑意义。2016年，党的十八届六中全会专题研究全面从严治党问题，强调了依规治党与依法治国的有机结合的重要意义，通过完善"四个全面"战略布局进一步深化了全面依法治国的战略地位和重要作用，进一步强化了全面从严治党对全面推进依法治国、建设法治中国的政治保障作用。五年来，党中央提出全面依法治国战略，推动人民有序参与政治生活方式多样化，逐步加强科学民主立法，推进司法公开公正，实施宪法宣誓，设立巡回法庭，进行公益诉讼改革，废止劳教制度，加大简政放权力度，实行监察体制改革……一件件改革措施纷纷落实，社会主义民主法治呈现出新气象。

2. 持续深入推进"放管服"改革

党的十八大以来，我国全面深化改革已进入攻坚期和深水区，经济发展进入新常态，对政府管理和服务水平的要求越来越高。这就需要政府继续实现权力"瘦身"、职能"健身"。要立规则标准等刚性制度于前，施严密的常态化监管于中，行猛药去疴、重典治乱于后，把该"放"的坚决放开，该"简"的坚决精简，该"管"的真正管好，该"服"的服务到位。党中央、国务院把"放管服"改革作为转变政府职能的突破口，通过行政审批做"减法"、市场监管做"加法"、公共服务做"乘法"，有力激发了大众创业、万众创新活力，改革红利持续释放、政府职能日益优化。

3. 基层民主建设取得重大成绩

党的领导在基层民主建设中充分体现。各级党委自觉贯彻党的群众路线，把政治智慧的增长、治国理政本领的增强深深扎根于人民的创造性实践之中，以党内民主引领促进基层民主。党的基层组织在基层群众自治过程中充分发挥领导核心作用，有效保证了基层民主发展与党的方针政策、决策部署相一致。形成村（居）民委员会、村（居）民小组、村落、楼院、门栋上下贯通、左右联动的基层群众性自治组织体系，一大批党组织推荐的人选通过法定程序进入村（居）民委员会班子，成为村、社区带头人，为党的路线方针政策在基层落地见效提供了有力保证。

基层民主制度建设取得重大进展。民主选举有序推进，民主管理机制得到完善，民主监督稳步推进，农村基层组织建设不断加。

基层协商民主渠道不断拓展。各地结合实际研究制定具体办法，采取扎实有效的工作措施，推动城乡社区协商实践不断深化。"有事要商量、有事好商量"已经在城乡社区蔚然成风。"村（居）民议事""小区协商""业主协商""村（居）民决策听证"等协商形式在全国城乡社区逐步推广，群众有序参与的形式不断丰富、渠道不断拓展。

基层民主作用充分呈现。各地坚持围绕中心、服务大局，注重发挥基层群众性自治组织的基础作用，引导群众支持和参与城乡社区治理创新，普遍建立基层政府及其派出机关与基层群众性自治组织的沟通协调等机制，依法厘清权责边界，促进政府行政管理和基层群众自治有效衔接、良性互动。

4. 统一战线工作扎实推进

党的十八大以来，以习近平同志为核心的党中央把统一战线摆在治国理政重要位置，先后召开民族工作会议、统战工作会议、宗教工作会议等重要会议，制定统一战线工作条例等重要文件，其数量之多、分量之重，在统一战线历史上是不多见的。习近平总书记发表了一系列重要讲话，提出认识统一战线地位作用的新论断、把握统一战线发展规律的新理论、指导统战工作实践的新理念、做好各领域统战工作的新要求，构成了习近平新时代中国特色社会主义思想的统战篇，丰富了党的统一战线理论的科学内涵，有力推动了统战工作在新的历史起点上开拓奋进。

5. 民族宗教工作创新推进

党的十八大以来，以习近平同志为核心的党中央对新形势下宗教工作加强顶层设计，作出一系列重大决策部署，狠抓落实，取得了显著成就。全党对宗教工作的重视程度空前提高。宗教工作法治化水平不断提高。着力解决宗教领域存在的突出问题。支持宗教界加强自身建设。发挥宗教在促进经济社会发展中的积极作用。推动中央宗教工作重大决策部署的贯彻落实。党的宗教工作基本方针得到全面贯彻，党同宗教界的统一战线不断巩固，宗教领域突出问题得到有效治理，宗教领域总体平稳有序。

（三）党的十九大关于社会主义民主政治的新部署

1. 坚持党的领导、人民当家作主、依法治国有机统一

党的领导是人民当家作主和依法治国的根本保证，人民当家作主是社会主义民主政治的本质特征，依法治国是党领导人民治理国家的基本方式，三者统一于我国社会主义民主政治伟大实践。在我国政治生活中，党是居于领导地位的，加强党的集中统一领导，支持人大、政府、政协和法院、检察院依法依章程履行职能、开展工作、发挥作用，这两个方面是统一的。要改进党的领导方式和执政方式，保证党领导人民有效治理国家；扩大人民有序政治参与，保证人民依法实行民主选举、民主协商、民主决策、民主管理、民主监督；维护国家法制统一、尊严、权威，加强人权法治保障，保证人民依法享有广泛权利和自由。巩固基层政权，完善基层民主制度，保障人民知情权、参与权、表达权、监督权。健全依法决策机制，构建决策科学、执行坚决、监督有力的权力运行机制。各级领导干部要增强民主意识，发扬民主作风，接受人民监督，当好人民公仆。新时代条件下，坚定不移走中国特色社会主义政治发展道路，一是要毫不动摇坚持党的领导。要坚持党总揽全局、协调各方的领导核心作用，不断加强和改善党的领导，善于使党的主张通过法定程序成为国家意志，善于使党组织推荐的人选通过法定程序成为国家政权机关的领导人员，善于通过国家政权机关实施党对国家和社会的领导，善于运用民主集中制原则维护党和国家权威、维护全党全国团结统一。二是要保证和发展人民当家作主。要坚持国家一切权力属于人民，坚持人民主体地位。要坚持和完善人民代表大会制度，坚持和完善中国共产党领导的多党合作和政治协商制度。要扩大人民民主，健全民主制度，丰富民主形式，拓宽民主渠道，从各层次各领域扩大公民有序政治

参与，发展更加广泛、更加充分、更加健全的人民民主，凝聚起最广大人民的智慧和力量。三是要全面推进依法治国。要坚持把依法治国作为党领导人民治理国家的基本方略、把法治作为治国理政的基本方式，不断把法治中国建设推向前进。要弘扬社会主义法治精神，保证人民平等参与、平等发展权利，维护社会公平正义，尊重和保障人权，实现国家各项工作法治化。

2. 加强人民当家作主制度保障

人民代表大会制度是中国特色社会主义制度的重要组成部分，也是支撑中国国家治理体系和治理能力的根本政治制度。在中国实行人民代表大会制度，是中国人民在人类政治制度史上的伟大创造，是深刻总结近代以后中国政治生活惨痛教训得出的基本结论，是中国社会 100 多年激越变革、激荡发展的历史结果，是中国人民翻身作主、掌握自己命运的必然选择。习近平总书记指出："人民代表大会制度是符合中国国情和实际、体现社会主义国家性质、保证人民当家作主、保障实现中华民族伟大复兴的好制度。"新时代条件下，坚持和完善人民代表大会制度，必须毫不动摇坚持中国共产党的领导，必须保证和发展人民当家作主，必须坚持全面依法治国，必须坚持民主集中制。60 多年的实践充分证明，人民代表大会制度是独具中国特色的政治制度安排，能够保证党领导人民有效治理国家，能够集中力量办大事，能够有效保证人民的权利和自由，能够有效维护国家统一、民族团结和社会和谐稳定。要支持和保证人民通过人民代表大会行使国家权力。发挥人大及其常委会在立法工作中的主导作用，健全人大组织制度和工作制度，支持和保证人大依法行使立法权、监督权、决定权、任免权，更好发挥人大代表作用，使各级人大及其常委会成为全面担负起宪法法律赋予的各项职责的工作机关，成为同人民群众保持密切联系的代表机关。完善人大专门委员会设置，优化人大常委会和专门委员会组成人员结构。要更好发挥中国共产党领导的多党合作和政治协商制度的效能，贯彻长期共存、互相监督、肝胆相照、荣辱与共的方针，加强同民主党派合作共事，支持民主党派更好履行参政议政、民主监督、参加中国共产党领导的政治协商职能。支持民主党派加强思想、组织、制度特别是领导班子建设，提高政治把握能力、参政议政能力、组织领导能力、合作共事能力、解决自身问题能力；坚持民族区域自治制度，要坚持统一和自治相结合、民族因素和区域因素相结合，把宪法和民族区域自治法的规定落实好，帮助民族自治地方发展经济、改善民生；要完善基层民主制度，畅通民主渠道，健全基层选举、议事、公开、述职、问责等机制，促进群众在城乡社区治理、基层公共事务和公益事业中依法自我管理、自我服务、自我教育、自我监督，切实防止出现人民形式上有权、实际上无权的现象。

3. 发挥社会主义协商民主重要作用

有事好商量，众人的事情由众人商量，是人民民主的真谛。协商民主是实现党的领导的重要方式，是我国社会主义民主政治的特有形式和独特优势。要推动协商民主广泛、多层、制度化发展，统筹推进政党协商、人大协商、政府协商、政协协商、人民团体协商、基层协商以及社会组织协商。加强协商民主制度建设，形成完整的制度程序和参与实践，保证人民在日常政治生活中有广泛持续深入参与的权利。这就要求我们要进一步推动社会主义协商民主朝着广泛、多层、制度化方向发展。

继续加强政党协商。要继续探索政党协商形式，规范政党协商程序，加强政党协商保障机制建设，包括知情明政机制、考察调研机制、工作联系机制、协商反馈机制等。要完善民主党派中央直接向中共中央提出建议制度，支持民主党派加强协商能力建设。

积极开展人大协商。深入推进立法工作中的协商，发挥好人大代表在协商民主中的作用，鼓励基层人大在履职过程中依法开展协商，探索协商形式，丰富协商内容，更好汇聚民智、听取民意，支持和保证人民通过人民代表大会行使国家权力。

扎实推进政府协商。探索制定并公布协商事项目录，做好政府信息公开工作，涉及经济社会发展重大问题、重大公共利益或重大民生的，重视听取社会各方面的意见和建议，吸纳社会公众特别是利益相关方参与协商，进一步增强决策透明度和公众参与度，提高政府治理能力和水平。

充分发挥人民政协作为协商民主重要渠道和专门协商机构的作用。加强人民政协协商民主建设，必须聚焦党和国家中心任务，围绕团结和民主两大主题，把协商民主贯穿政治协商、民主监督、参政议政全过程，完善协商议政内容和形式，进一步拓展协商内容、丰富协商形式、规范协商程序、增加协商密度、提高协商成效。要改进政协通过会议进行协商的形式，适当增加专题议政性常委会议和专题协商会次数，完善协商座谈会制度，更加灵活、更为经常地开展专题协商、对口协商、界别协商、提案办理协商，探索网络议政、远程协商等新形式，不断提高政协委员的政治把握能力、调查研究能力、联系群众能力、合作共事能力。

认真做好人民团体协商。建立完善人民团体参与各渠道协商的工作机制，健全人民团体直接联系群众工作机制，更好组织和代表所联系群众参与公共事务，有效反映群众意愿和利益诉求，更好发挥人民团体作为党和政府联系人民群众的桥梁和纽带作用。

稳步推进基层协商。基层协商是指乡镇、街道和行政村、社区围绕城乡社会治理、基层公共事务、社会公益事业、涉及群众切身利益的实际问题，以及企事业单位围绕民主管理进行协商的民主形式。涉及人民群众利益的大量决策和工作主要发生在基层，做好基层协商尤为重要。要按照协商于民、协商为民的要求，建立健全基层协商民主建设协调联动机制，围绕本地城乡规划、工程项目、征地拆迁以及群众反映强烈的民生问题等，组织有关方面开展协商，及时化解矛盾纠纷，更好解决人民群众的实际困难和问题，促进社会和谐稳定。

探索开展社会组织协商。坚持党的领导和政府依法管理，健全与相关社会组织联系的工作机制和沟通渠道，引导社会组织有序开展协商，更好为社会服务。

要加强和完善党对社会主义协商民主建设的领导。要把协商民主纳入党委工作部署和议事日程，统一领导、统一规划、统一部署，确保各项协商活动有组织地开展、有步骤地实施、有计划地进行。各级领导干部要带头实践协商民主，善于通过推进协商民主加强党的领导、改善党的领导。要进一步完善协商成果采纳、落实和反馈机制，探索建立督查和考核机制，引导督促各级干部养成有事多协商、遇事多协商、做事多协商的良好习惯，自觉推进协商民主建设。

4. 深化依法治国实践

全面依法治国是国家治理的一场深刻革命，必须在党的领导下，从我国实际出发，发挥政治优势，遵循法治规律，与时俱进提升理念观念、创新体制机制，全面深化依法治国实践。

坚持以党的领导为根本保证，完善全面依法治国领导体制。党的十九大报告提出"成立中央全面依法治国领导小组，加强对法治中国建设的统一领导"。这是以习近平同志为核心的党中央高瞻远瞩、审时度势作出的重大决定。当前，全面依法治国进入系统推进的新阶段，坚持依法治国、依法执政、依法行政共同推进，坚持法治国家、法治政府、法治社会一体建设，需要加强党的集中统一领导，做好整体谋划、衔接配套。同时，法治领域改革进入深水区，会遇到更多难啃的硬骨头，需要充分发挥党的领导优势，统筹各方资源力量，形成攻坚克难的合力。我们要深刻认识成立中央全面依法治国领导小组的重大意义，更好发挥党总揽全局、协调各方的领导核心作用，确保法治建设沿着正确方向奋力前行。

坚持把全面贯彻实施宪法作为首要任务，切实加强宪法实施和监督。党的十九大报告要求，加强宪法实施和监督，推进合宪性审查工作，维护宪法权威。合宪性审查是保证宪法有效实施的关键制度，要严格落实宪法规定，健全中国特色合宪性审查机制，确保违宪行为及时得到纠正和追究。完善规范性文件备案审查制度，把所有规范性文件纳入备案审查范围，坚决纠正和撤销违宪违法的规范性文件。实施国家宪法日和宪法宣誓制度，增强全体公民特别是国家公职人员的宪法意识。

坚持以良法善治为基本取向，加快法治中国建设步伐。党的十九大报告提出"以良法促进发展、保障善治"。良法是善治的前提。只有依据反映客观规律、体现人民意志、解决实际问题的良法治理国家，才能促进经济发展、政治清明、文化昌盛、社会和谐、生态美丽。善治是法治的目标。全面依法治国，就是要实现权利有保障、权力受制约、违法必追责、正义可预期、公平看得见的善治状态，促进人民安居乐业、社会安定有序。深化依法治国实践，必须把良法善治的要求贯彻到法治建设全过程和各方面，充分释放社会主义法治的优越性，让法治成为国家核心竞争力。

坚持把抓住"关键少数"作为重要方法，发挥党员干部的模范带头作用。党领导立法、保证执法、支持司法、带头守法，要通过各级党组织和全体党员的具体行动来实现。党的十九大报告提出"各级党组织和全体党员要带头尊法学法守法用法，任何组织和个人都不得有超越宪法法律的特权，绝不允许以言代法、以权压法、逐利违法、徇私枉法"。党组织和党员干部既要坚持高标准，更要守住最底线，在厉行法治上当模范、作表率，带头强化对法治的追求、信仰和执守，真正将法治思维和法治方式变成想问题、办事情的思想自觉和行为习惯。

5. 深化机构和行政体制改革

统筹推进各类机构改革，完善国家治理的组织架构。要顺利推进新时代中国特色社会主义各项事业，就必须从组织机构上发挥党的领导这个最大的体制优势，协调好并发挥出各类机构职能作用，形成适应新时代发展要求的党政群机构新格局。为此，需要站在更高层次上，统筹考虑党和国家各类机构设置，完善科学领导和决策、有效管理和执行的体制机制。统筹考虑各类机构设置，科学配置党政部门及内设机构权力，明确职责。紧紧围绕发挥党总揽全局、协调各方作用和切实加强党的长期执政能力建设，坚持精简统一效能原则，进一步理顺职责关系，按照改革要求进行调整完善。通盘考虑组织机构调整与编制资源配备，创新管理，优化结构，盘活用好各类编制资源。完善国家机构组织法，推进机构组织的科学化、规范化、法制化，通过立法巩固改革成果；深化简政放权、坚持放管结合，进一步转变政府职能。加大简政放权力度，深化行政审批制度改革，释放市场发展活力。坚持放管结合放管并举，创新监管方式。强化监管手段，积极探索新型监管模式，着力提高事中事后监管的有效性，切实维护公平竞争的市场秩序。规范行政行为、优化办事流程，增强政府公信力和执行力，建设人民满意的服务型政府。进一步精简环节，规范行政程序、行为、时限和裁量权，加快实施"互联网＋政务服务"，提高政务公开水平，营造稳定公平透明、可预期的营商环境；优化地方各级权力配置，更好发挥贴近基层和群众的管理服务优势。进一步合理界定各层级间职能配置、优化机构设置，发挥各自的比较优势。进一步加大放权力度，把那些地方切实需要也能够有效承接的事项下放给地方。同时，地方各层级间也要明确职责重点，省一级主要是强化规划管理、政策法规、标准规范、监督检查等职责，市县级主要是强化执行和执法监管职责，做好直接面向企业和群众的服务与管理。推进地方党政机构改革，在省市县对职能相近的党政机关探索合并设立或合署办公。要总结提炼成功经验，探索在省市县按照职能重点综合设置党政机构，进一步推动机构职能的精简整合，形成管理合力。构建简约精干的基层行政管理体制，整合审批、服务、执法等方面力量和资源，提升基层管理服务水平；深化事业单位改革，加快建立中国特色公益服务体系。通过深化事业单位改革，提高公益服务供给的质量效率和公平性，更好满足人民群众在教育、医疗、文化等各方面需求。坚持分类改革方针，推进政事分开、事企分开、管办分离。巩固和深化行政类、经营类事业单位改革成果，理顺公益类事业单位与主管部门的关系，探索政事分开、管办分离的有效实现形式，构建新型政事关系。创新事业单位管理体制和运行机制，增强事业单位活力。瞄准教育、医疗、科研、文化等事业单位管理体制上的重点难点问题，探索开展管理体制创新试点。强化事业单位公益属性，促进公益服务平衡充分发展。着力推动去行政化，破除逐利机制强化提供公益服务的社会责任。优化事业资源布局结构，鼓励社会力量兴办公益事业，推进基本公共服务均等化。

6.巩固和发展爱国统一战线

统一战线范围广泛，涉及民主党派、党外知识分子、非公有制经济人士、民族、宗教、港澳台侨等工作。肩负历史使命、实现新的目标，需要我们运用好统一战线这一重要法宝，最大限度地凝聚共识、凝聚人心、凝聚智慧、凝聚力量，最大限度地调动积极因素、激发创造活力，万众一心拧成一股绳，用共同奋斗目标聚精会神，用共同思想政治基础凝心聚魂，用新时代中国特色社会主义伟大实践汇智聚力，以必胜的信心、昂扬的斗志、扎实的努力投身新的历史进军。进一步做好民主党派工作。中国共产党领导的多党合作和政治协商制度是我国的基本政治制度，具有鲜明的中国特色。要坚持长期共存、互相监督、肝胆相照、荣辱与共，把中国共产党的先进性和民主党派的进步性有机统一起来，支持民主党派按照中国特色社会主义参政党要求更好履行职能。要坚持政党协商制度，完善内容和形式，健全知情和反馈机制，推动凝聚共识、优化决策。进一步做好党外知识分子和新的社会阶层人士工作。党外知识分子工作是统一战线的基础性、战略性工作，新的社会阶层人士是建设中国特色社会主义的重要力量。现在，党外知识分子构成更加多样，新的社会阶层人士也多是知识分子。要坚持尊重知识、尊重知识分子，以教育引导为主线，以培养使用为重点，以组织起来为依托，以健全机制为支撑，把党外知识分子和新的社会阶层人士紧紧团结在党的周围，发挥他们的智慧和才能，为中国特色社会主义事业凝聚新力量。进一步做好非公有制经济领域工作。促进非公有制经济健康发展和非公有制经济人士健康成长，是重大经济问题，也是重大政治问题。要坚持团结、服务、引导、教育的方针，既要做好鼓励支持引导非公有制经济发展的工作，更要担负起团结引导非公有制经济人士的责任。要引导非公有制经济人士发扬企业家精神，始终保持发展的信心和定力，积极投身构建亲清新型政商关系实践，洁身自好走正道，遵纪守法办企业，光明正大搞经营，在不断创造物质财富的同时创造精神财富。进一步做好民族工作和宗教工作。民族工作、宗教工作都是全局性工作。要全面贯彻党的民族政策，坚持中国特色解决民族问题的正确道路，坚持和完善民族区域自治制度，坚持统一和自治相结合、民族因素和区域因素相结合，深化民族团结进步教育，铸牢中华民族共同体意识，加强各民族交往交流交融，促进各民族像石榴籽一样紧紧抱在一起，共同团结奋斗、共同繁荣发展。要全面贯彻党的宗教工作基本方针，坚持我国宗教的中国化方向，保护合法、制止非法、遏制极端、抵御渗透、打击犯罪，积极引导宗教与社会主义社会相适应。

实践证明，只有扎根本国土壤、汲取充沛养分的制度，才最可靠，也最管用。中国特色社会主义政治制度之所以行得通、有生命力、有效率，就是因为它是从中国的社会土壤中生长起来的。我国的政治制度安排，能够有效保证人民享有更加广泛、更加充实的权利和自由，保证人民广泛参加国家治理和社会治理；能够有效调节国家政治关系，发展充满活力的政党关系、民族关系、宗教关系、阶层关系、海内外同胞关系，增强民族凝聚力，形成安定团结的政治局面；能够集中力量办大事，有效促进社会生产力解放和发展，促进现代化建设各项事业，促进人民生活质量和水平不断提高；能够有效维护国家独立自主，有力维护国家主权、安全、发展利益，维护中国人民和中华民族的福祉。我们要不断推进社会主义民主政治制度化、规范化、程序化，更好发挥中国特色社会主义政治制度的优越性，为党和国家兴旺发达、长治久安提供更加完善的制度保障。

九、新文化: 新时代社会主义文化繁荣兴盛

党的十九大报告指出:"文化是一个国家、一个民族的灵魂。文化兴国运兴,文化强民族强。没有高度的文化自信,没有文化的繁荣兴盛,就没有中华民族伟大复兴。要坚持中国特色社会主义文化发展道路,激发全民族文化创新创造活力,建设社会主义文化强国。"报告站在时代和全局的高度,深刻阐述了文化和文化建设的地位作用,深刻阐明了在新时代以什么样的立场和态度对待文化、用什么样的思路和举措发展文化、朝着什么样的方向和目标推进文化建设等重大问题,为推动社会主义文化繁荣兴盛、建设社会主义文化强国提供了根本遵循。

党的十八大以来,以习近平同志为核心的党中央高度重视文化建设,我国文化建设取得重大进展,文化自信得到彰显,国家文化软实力和中华文化影响力大幅提升,这为我们继续推动新时代社会主义文化繁荣昌盛打下了良好基础。面对着新形势新任务,我们必须坚决响应十九大报告号召,坚持中国特色社会主义文化发展道路,建设社会主义文化强国,为实现中华民族伟大复兴中国梦提供强大的精神支撑。

(一)党的十八大以来的文化建设成就
为新时代社会主义文化繁荣兴盛奠定基础

党的十八大以来,在党和国家的重视与推动下,我国的文化建设成就非凡。

1. 筑牢社会主义核心价值观

党的十八大提出要"倡导富强、民主、文明、和谐,倡导自由、平等、公正、法治,倡导爱国、敬业、诚信、友善,积极培育和践行社会主义核心价值观"。

党的十八大以来，中央高度重视培育和践行社会主义核心价值观。习近平总书记多次作出重要论述、提出明确要求。中央政治局围绕培育和弘扬社会主义核心价值观、弘扬中华传统美德进行集体学习。2013年12月，中共中央办公厅印发《关于培育和践行社会主义核心价值观的意见》，明确提出，以"三个倡导"为基本内容的社会主义核心价值观，与中国特色社会主义发展要求相契合，与中华优秀传统文化和人类文明优秀成果相承接，是我们党凝聚全党全社会价值共识作出的重要论断。并且为在全国加强社会主义核心价值观教育实践指明了方向，提供了重要遵循。2015年4月，中央宣传部、中央文明办印发《培育和践行社会主义核心价值观行动方案》（以下简称《方案》），强调要紧密联系群众生产生活实际，结合各行各业特点，广泛进行宣传教育，广泛进行探索实践，在贯穿结合融入上下功夫，在落细落小落实上下功夫，在坚持不懈、久久为功上下功夫，广泛深入开展培育和践行社会主义核心价值观主题实践活动，努力在全社会形成共同的价值追求。按照《方案》的部署，核心价值观"融入经济社会发展，融入人们生产生活，融入家庭家风家教"，富有实效的创新手段不断涌现。

在党中央指导和推动下，培育和践行社会主义核心价值观主题实践活动在全国范围广泛深入开展起来。通过一系列教育活动，党员干部队伍坚定了理想信念，为全社会起了良好的带头示范作用；在广大学生中开展学习培育核心价值观实践活动，帮助他们"扣好人生的第一粒扣子"；着重挖掘"凡人善举"：全国道德模范评选、时代楷模发布、感动中国人物表彰，"身边好人""寻找最美"……道德模范形成了强大的示范效应，学雷锋、志愿服务在大江南北蔚然成风。培育和践行社会主义核心价值观主题实践活动不断开花结果，人们从心底迸发出对善的敬重、对美的向往。

2. 加强对文艺工作的指导

2014年10月15日，习近平总书记主持召开文艺工作座谈会，对新时期的文艺工作提出了一系列原则性的要求，对在新的历史条件下做好文艺工作作出了全面部署。新时期文艺工作座谈会，是指导新时期文艺工作的一次重要会议。座谈会后，全国上下特别是文艺战线掀起了学习、贯彻总书记文艺工作座谈会重要讲话精神的高潮，文艺形势和文艺工作出现了可喜的变化。

文艺作品向精品化迈进，更加注重呈现内容和传递正能量。一方面文艺作品更多地体现出阳光、健康、积极的正能量，"以人民为中心"的创作导向越来越成为文艺界的共识。另一方面，精品文艺作品更多地受到关注和好评，急功近利的创作与哗众取宠的噱头越来越不被人们看好。国家对文艺创作的保护和支持力度逐渐加大。文艺工作座谈会后，国家加快出台更加健全的法律法规，制定更加有效的方针政策，采取更加有力的保护措施支持积极健康的文艺创作。下大力气整治文艺环境和文艺市场，文艺环境趋于健康，文艺市场更加理性。首先是破除"潜规则"，重新树立"明规矩"，文艺环境更加健康有序。其次是治理天价片酬，文艺市场逐渐回归理性和平衡。第三是大力改革文艺评奖制度，全面清理整顿文艺评奖，严肃评奖纪律，坚决杜绝各种不正之风。第四是大力扭转文艺评论风气，"让人民满意"越来越成为文艺作品的评价标准。文艺工作者的素质不断提高，与现实、人民的联系更加紧密。文艺工作者更加注重德艺双馨，以严谨的职业操守树立良好社会形象。坚决整治了文艺界一些腐朽没落的东西，特别是整治一些艺人道德沦丧甚至违法犯罪行为。大批作家艺术家深入生活、扎根人民，积极到生活中去挖掘生活的题材。

3. 注重发挥优秀传统文化的现实作用

中华民族丰富的优秀传统文化增添了中国人民和中华民族内心深处的自信和自豪，是全面建成小康社会不可缺少的精神力量。党的十八大以来，习近平总书记在不同场合多次强调，博大精深的中华优秀传统文化是中国在世界文化激荡中站稳脚跟的根基，是中华民族的"根"和"魂"。这深刻揭示了优秀传统文化的地位作用、历史源流、思想精华、鲜明特质，为传承发展优秀传统文化指明了方向、提供了遵循。

各地区、各部门、各行业用实际行动推动传统文化在当代社会生根发芽、开花结果。文化部实施的当代戏曲名家收徒传艺工程，让名家好戏得以薪火相传。在许多少数民族地区，非物质文化遗产成为当地特色产业，不仅"活起来""传下去"，而且让曾经闭塞落后的村庄走上脱贫致富道路。以传播规律表达乡土中国视角，让纪录片《舌尖上的中国》在全球刮起了一阵中华美食旋风。中华医药、中华烹饪、中华武术、中华典籍正以各种创新性的方式走近各国人民。中国戏曲、民乐、书法、国画，正以文化的方式向世界讲述中国。

党的十八大以来，在发扬优秀传统文化工作中，最大的成绩是正在逐步建立起优秀文化传承体系。党的十八大强调要建设中华优秀传统文化传承体系，弘扬中华优秀传统文化。在传统文化重新走到世人面前、重新释放巨大能量的背景下，2017年中共中央办公厅、国务院办公厅印发了《关于实施中华优秀传统文化传承发展工程的意见》，首次以中央文件形式专题阐述中华优秀传统文化传承发展工作，是党为加强对文化工作的领导和顶层设计，推动中华优秀传统文化传承发展走上积极健康、规范有序的轨道作出的重大举措，对进一步坚定文化自信，坚持创造性转化、创新性发展，在扬弃继承、转化创新中传承发展优秀传统文化，不断推动中华文化现代化具有深远的影响。

党的十八大以来一系列富有创新、富有成效的工作，推动了中华优秀传统文化的传承与发展，有力增强了中华优秀传统文化的凝聚力、影响力、创造力。

4. 完善公共文化服务体系，加快推进文化惠民工程

建立完善公共文化服务体系是将文化推向基层大众的重要方式。五年来，在中央的指导和各地的努力下，我国公共文化服务体系已经初步建立并在不断完善，主要在以下几个方面取得了不俗成绩：

（1）形成了"一个目标""四个坚持"的公共文化服务体系建设基本

思路。"一个目标"：到 2020 年基本建成覆盖城乡、便捷高效、保基本、促公平的现代公共文化服务体系。"四个坚持"：坚持正确导向，坚持政府主导，坚持社会参与，坚持共建共享。

（2）初步建成了包括国家级、省级、地市级、县级、乡级、村级和城市社区六个级别的公共文化服务网络。这个网络体系包括三大类：第一类是免费开放博物馆、图书馆、美术馆等让群众走进来享受的公共文化服务；第二类是让群众坐在家里享受的公共文化服务，党的十八大以来在广大农村地区基本实现了广播电视的村村通、户户通；第三类是活跃群众文化生活的公共文化服务，大力建设县级的文化馆、乡镇的文化站等。

（3）农村的公共文化服务能力大大增强。党的十八大以来农村基本实现了广播电视村村通、户户通；大力加强乡镇综合文化站的建设，全国 4 万多个乡镇都有了文化站；继续积极推进电影下乡，保证农民每个月能免费看到一场电影；推动建设农家书屋，五年来全国每个村基本都配备了农村书屋；推动农村数字文化工程，保证了农民在村里就可以享受到网上文化信息服务。

（4）公共文化服务活力进一步增强。以需求为导向对公共文化服务进行改革，提高文化服务针对性和吸引力；引入社会力量和专业公司管理文化站，引入专业化管理来进行指导和运营，着力解决基层文化站建了之后不会管的问题；大力发展文化志愿者，着力解决基层缺乏文化人才问题，现在已经有文化志愿服务组织机构 7000 多个，文化志愿者超过百万人，初步形成了一支专兼结合的基层文化工作队伍。

5. 大力推动现代化文化产业发展

党的十八大以来，党和政府不断加大对文化产业的政策和财政支持，我国文化产业得到了高速发展，增长速度始终高于 GDP 增速，展现出强劲的发展势头。据国家统计局的统计数据，五年来我国文化产业始终保持两位数增速，2016 年，全国文化及相关产业增加值从 2012 年的 18071

亿元增加到 30254 亿元，首次突破 3 万亿元，占 GDP 的比重从 2012 年的 3.48% 提高到 4.07%；截至 2016 年 12 月底，全国文化及相关产业企业数量达 297.65 万户，注册资本 14.29 万亿元；全国规模以上文化及相关产业法人单位数从 2012 年的 3.6 万家发展到 2016 年的 5 万家，实现营业收入 80314 亿元。

党的十八大以来，文化领域积极响应党和国家号召，推动实施创新驱动发展战略，各重点行业得到了全面协调发展。以 2016 年为例，我国广播电视服务业方面，总收入 5030 亿元，较 2012 年增加 1761 亿元；动画电视制作 15 万小时，电视纪录片制作 5 万小时，电视剧累计播出 689 万集。电影行业方面，2016 年全国电影银幕数 41179 块，较 2012 年增长 213.91%，居世界第一位；总票房 492.83 亿元，较 2012 年增长 188.64%，国产影片市场份额达 58.3%；电影海外票房收入 38.25 亿元，是 2012 年的 3.6 倍。出版、印刷和发行服务业方面，2016 年全年营业收入 23162 亿元，出版图书 49.6 万种，国民综合阅读率达 79.9%；资产总额超百亿的出版传媒集团达 17 家，较 2012 年增加 42%；数字出版营业收入 5300 亿元，较 2012 年增长 173.8%。

在体量增大的同时，文化产业质量效益也持续提升，初步构建起结构合理、门类齐全、科技含量高、富有创意、竞争力强的现代文化产业体系。全国"文化企业 30 强"已推荐认定九届，一批文化"航母"和特色中小微企业破冰起航。在完善精品创作生产方面，继续实施电影、电视剧、动画片、纪录片和图书出版物"五个一百部"重点创作规划，推出了《筑梦路上》《湄公河行动》《大鱼海棠》等一大批优秀图书、电影、电视剧、纪录片和动画片，涌现了《中国诗词大会》等一大批优秀原创节目。

党的十八大以来的五年，我国的文化建设成就非凡：社会主义核心价值观和中华优秀传统文化广泛弘扬，群众性精神文明创建活动扎实开展；公共文化服务水平不断提高，文艺创作持续繁荣，文化事业和文化产业蓬勃发展，互联网建设管理运用不断完善，全民健身和竞技体育全面发展；主旋律更加响亮，正能量更加强劲，文化自信得到彰显，国家文化软实力和中华文化影响力大幅提升，全党全社会思想上的团结统一更加巩固……一系列文化成果的涌现，为我国新时代社会主义文化繁荣昌盛奠定了坚实基础。

（二）推动社会主义文化繁荣兴盛必须首先增强文化自信

党的十九大报告指出："没有高度的文化自信，没有文化的繁荣兴盛，就没有中华民族伟大复兴。"文化自信是对中国特色社会主义文化的自信。坚定文化自信要求我们坚信中国特色社会主义文化是中华民族的精神支撑，积淀着中华民族最深层的精神追求，代表着中华民族独特的精神标识。坚定文化自信，就是要既坚信中华民族优秀传统文化，又坚信革命建设改革中形成的社会主义先进文化，坚信中国特色社会主义文化是全面建成小康社会、完成"两个一百年"奋斗目标、实现中华民族伟大复兴中国梦的精神支撑。

文化自信，是更基础、更广泛、更深厚的自信。中国特色社会主义文化，源自于中华民族五千多年文明历史所孕育的中华优秀传统文化，熔铸于党领导人民在革命、建设、改革中创造的革命文化和社会主义先进文化，植根于中国特色社会主义伟大实践。在五千多年文明发展中孕育的中华优秀传统文化，在党和人民伟大斗争中孕育的革命文化和社会主义先进文化，积淀着中华民族最深层的精神追求，代表着中华民族独特的精神标识。我们要弘扬社会主义核心价值观，弘扬以爱国主义为核心的民族精神和以改革创新为核心的时代精神，不断增强全党全国各族人民的精神力量。

坚定文化自信，要坚定中华优秀传统文化自信。中华优秀传统文化在整个中华文化发展史上具有独特的地位和作用，既是中华民族优秀文化的重要体现，又是中华民族文化创新发展的重要源头。作为中华民族新文化的代表，革命文化和社会主义先进文化是中华优秀传统文化基因、马克思主义理论基因、中国共产党人红色基因相互融合的产物。离开了中华优秀传统文化，创造中华文化新的辉煌就失去了重要基础。习近平总书记对中华优秀传统文化格外重视，他认为，中华优秀传统文化之所以值得自信，是因为其中有很多思想理念和道德规范，如崇仁爱、重民本、守诚信、讲辩证、尚和合、求大同以及自强不息、敬业乐群、扶正扬善、扶危济困、见义勇为、孝老爱亲等，无论是在历史上，还是在现实、未来中都具有永不褪色的重大价值。从历史看，它对形成和维护中国团结统一的政治局面，对形成和巩固中国多民族和合一体的大家庭，对形成和丰富中华民族精神，对激励中华儿女维护民族独立、反抗外来侵略，对推动中国社会发展进步、促进中国社会利益和社会关系平衡，都发挥了十分重要的作用。从现实看，中华优秀传统文化已经成为中华民族的基因，植根在中国人内心，潜移默化影响着中国人的思想方式和行为方式。今天，我们提倡和弘扬社会主义核心价值观，必须从中汲取丰富营养，否则就不会有生命力和影响力。中国的今天是从中国的昨天和前天发展而来的。要治理好今天的中国，需要对我国历史和传统文化有深入了解，也需要对我国古代治国理政的探索和智慧进行积极总结。博大精深的中华优秀传统文化是我们在世界文化激荡中站稳脚跟的根基。从未来看，不忘本来才能开辟未来。中华民族创造了源远流长的中华文化，推动中华优秀传统文化创造性转化和创新性发展，在延续民族文化血脉中开拓前进，中华民族一定能够创造出中华文化新的辉煌。

坚定文化自信，就要坚定革命文化自信。革命文化是新民主主义时期中国共产党人领导中国人民在伟大的革命斗争实践中形成的先进文化，是近代以来中国共产党人和中华民族的强大精神支柱，是中华民族新文化的光辉典范，深刻改变了中华传统文化的历史命运和发展方向，为发展中华民族新文化注入了新的精神内涵。革命文化体现了中国共产党人的红色基因，传承了中华优秀传统文化基因和马克思主义理论基因，集中体现为党在新民主主义各个阶段培育和发展起来的革命精神，如红船精神、井冈山精神、苏区精神、长征精神、延安精神、西柏坡精神等。中国共产党的历史证明，没有革命的文化，就没有革命的行动。革命文化在革命前是革命的思想准备，在革命中是革命总战线的一条必要和重要的战线。在改革开放新的历史时期，如果没有革命战争时期的那么一股劲、那么一股革命热情，就无法应对复杂局面、继续砥砺前行。

坚定文化自信，就是要坚定社会主义先进文化自信。社会主义先进文化是中国共产党领导中国人民在中国特色社会主义伟大实践中创造出来的，是社会主义本质与民族精神和时代精神的结晶体，是中华优秀文化的当代展示，代表着马克思主义政党思想精神上的旗帜，代表着当代中国文化发展的前进方向，代表着人类文化发展的进步潮流。社会主义制度确立以后特别是改革开放以来，在中国共产党的领导下，随着经济建设高潮的到来，也迎来了文化建设的高潮。社会主义先进文化的不断发展，不仅显著提高了全民族思想道德素质和科学文化素质、促进了人的全面发展，显著增强了国家文化软实力，使中华文化在现代化进程中焕发出新的蓬勃生机，为坚持和发展中国特色社会主义提供了强大精神力量，而且向世界展示了中国共产党治国理政的新理念新思想新战略，提供了中国立场、中国智慧、中国方案所蕴含的崭新文化理念和思维模式。实践证明，坚持发展面向现代化、面向世界、面向未来的，民族的科学的大众的社会主义文化，推动社会主义先进文化更加深入人心，是增强各族人民对伟大祖国认同、对中华民族认同、对中华文化认同、对中国特色社会主义道路认同的重要源泉，也是维护国家文化安全的重要保障，是走向中华民族伟大复兴的重要支撑。面向未来，习近平总书记认为，必须坚持社会主义先进文化前进方向，用社会主义核心价值观凝聚共识、汇聚力量。他强调，要弘扬社会主义先进文化，深化文化体制改革，推动社会主义文化大发展大繁荣，增强全民族文化创造活力，推动文化事业全面繁荣、文化产业快速发展，不断丰富人民精神世界、增强人民精神力量，不断增强文化整体实力和竞争力，朝着建设社会主义文化强国的目标不断前进。

（三）推动社会主义文化繁荣兴盛必须坚持正确方向

我国的文化建设必须立足基本国情、坚持社会主义方向，这是最基本的要求。党的十九大报告指出："发展中国特色社会主义文化，就是以马克思主义为指导，坚守中华文化立场，立足当代中国现实，结合当今时代条件，发展面向现代化、面向世界、面向未来的，民族的科学的大众的社会主义文化，推动社会主义精神文明和物质文明协调发展。要坚持为人民服务、为社会主义服务，坚持百花齐放、百家争鸣，坚持创造性转化、创新性发展，不断铸就中华文化新辉煌。"

首先，坚持以马克思主义为指导。马克思主义是指导党和人民事业的理论基础，是指引文化建设正确方向的根本指针。任何时候、任何情况下，都必须毫不动摇坚持和捍卫马克思主义，决不能有丝毫偏离。坚持以马克思主义为指导，最重要的是坚持马克思主义立场观点方法，运用马克思主义中国化最新成果指导文化建设。要自觉用习近平新时代中国特色社会主义思想武装头脑、指导实践、推动工作，使之转化为高度的政治觉悟和政治能力，转化为新的思维理念和思路举措，转化为做好工作的科学方法，推动文化建设更好适应时代、跟上时代。坚持以马克思主义为指导，不是抽象的而是具体的，决不能把它当作口号，而是要坚守中华文化立场，立足当代中国现实，结合当今时代条件，具体地贯穿到对中华优秀传统文化的传承弘扬中，贯穿到对革命文化和社会主义先进文化的继承发展中，贯穿到对世界优秀文化成果的借鉴吸收中，更好发展面向现代化、面向世界、面向未来的，民族的科学的大众的社会主义文化。

其次，坚持为人民服务、为社会主义服务。文化建设是党和人民事业的重要组成部分，必须牢牢站稳人民立场，自觉服从服务于大局。一旦脱离人民，文化建设就会丧失根基，成了无源之水、无本之木；一旦偏离大局，文化建设就会迷失方向，给党和人民事业带来损害。必须牢固树立宗旨意识，不断强化大局观、全局观，把为人民服务、为社会主义服务统一于文化建设实践之中。要更加自觉地坚持以人民为中心的发展思想，始终把人民利益摆在至高无上的地位，把实现好、维护好、发展好人民最关心、最直接、最现实的利益作为出发点和落脚点，让文化改革发展成果更多、更公平惠及全体人民，不断满足人民精神文化需求，更好推动人的全面发展。要更加自觉地把围绕中心、服务大局作为基本职责，坚持一切在大局下思考、一切在大局下行动，找准工作结合点和着力点，提高服务大局的能力和水平，更好推动经济持续健康发展和社会全面进步。

第三，坚持百花齐放、百家争鸣。激发全民族文化创新创造活力，是推动文化大发展大繁荣的关键所在。只有形成导向正确、积极健康的文化环境，才能成就文化理想、实现文化价值；只有营造生动活泼、宽松和谐的文化氛围，才能焕发文化生命力、创造力。要提倡理论创新、文化创新、知识创新，提倡不同观点、不同风格、不同流派相互切磋、平等讨论，鼓励解放思想、大胆探索，尊重差异、包容多样，让文化创新精神竞相迸发、持续涌流。当然，我们讲尊重差异、包容多样，并不是无原则的尊重、无底线的包容，决不能让错误的东西、腐朽的东西、落后的东西滋生蔓延。要注意研究纷繁复杂的文化现象，辨析主流与支流、区分先进与落后、划清积极与消极，营造风清气正的文化生态。知识分子是文化建设的重要力量，要认真贯彻党的知识分子政策，加强团结、加强引导，最大限度发挥他们文化创造的积极性，最大限度把他们凝聚在党的周围。

第四，坚持创造性转化、创新性发展。创新创造是文化的生命所在，是文化的本质特征。任何一个国家和民族文化的发展，都离不开继承传统和借鉴外来，更离不开创造性转化和创新性发展。凡是源远流长、历久弥新的文化，既渗透着历史基因又浸润着时代精神，既延续着本土文化的血脉又吸纳着外来文明的精华。在新的时代条件下，推动文化繁荣发展，必须正确处理"守"和"变"、"中"和"外"的关系，做到不忘本来、吸收外来、面向未来，更好构筑中国精神、中国价值、中国力量。要客观科学地对待中华优秀传统文化，结合新的时代条件和实践要求对其内涵和表现形式加以补充、拓展、完善，赋予其新的时代内涵和现代表达形式，充分展现中华文化独特魅力和时代价值。要坚持开放包容，以更加自信的心态、更加宽广的胸怀，广泛参与世界文明对话，借鉴吸收人类文明成果，增强中华文化的影响力和吸引力。

（四）肩负使命，不断开创文化建设新局面

党的十九大报告从牢牢掌握意识形态工作领导权、培育和践行社会主义核心价值观、加强思想道德建设、繁荣发展社会主义文艺、推动文化事业和文化产业发展五个方面对新时代文化建设作出了全面部署，提出了明确要求。我们必须以此为指导，紧紧抓住重点任务，全力以赴抓好落实，开创文化建设新局面。

第一，牢牢掌握意识形态工作领导权。这是新时代文化建设的根本原则。意识形态决定文化前进方向和发展道路，放弃意识形态工作的领导权就会导致文化建设的无序和混乱。首先要推进马克思主义中国化时代化大众化，建设具有强大凝聚力和引领力的社会意识形态，使全体人民在理想信念、价值理念、道德观念上紧紧团结在一起。马克思主义是我们立党立国的根本指导思想，是社会主义意识形态的旗帜和灵魂。牢牢掌握意识形态工作领导权，推动党和国家事业顺利发展，最根本的是把坚持和发展马克思主义有机统一起来，推进马克思主义中国化时代化大众化。长期以来，马克思主义在中国之所以显示出强大生命力，指导和引领中国革命、建设、改革不断取得伟大胜利，就在于我们党在实践

中不断丰富和发展马克思主义，做到老祖宗没有丢、又写出新篇章。新时代推进马克思主义中国化时代化大众化，就是要着力推动习近平新时代中国特色社会主义思想深入人心。党的十八大以来，以习近平同志为核心的党中央紧紧围绕新时代坚持和发展什么样的中国特色社会主义、怎样坚持和发展中国特色社会主义这个重大时代课题，以全新的视野深化对共产党执政规律、社会主义建设规律、人类社会发展规律的认识，进行艰辛理论探索，取得重大理论创新成果，创立了习近平新时代中国特色社会主义思想。这一思想，开辟了马克思主义新境界，开辟了中国特色社会主义新境界，开辟了治国理政新境界，开辟了管党治党新境界，使马克思主义中国化实现了一次新的飞跃。新时代加强理论武装，首要的是坚持不懈用习近平新时代中国特色社会主义思想武装全党、教育人民。要深入宣传把习近平新时代中国特色社会主义思想确立为党必须长期坚持的指导思想的重大意义，深入宣传这一思想的重大贡献和历史地位，深入宣传这一思想的精神实质、丰富内涵、实践要求，引导人们在新的广度和深度上提高认识，确立高度的政治认同、思想认同、理论认同、情感认同，更好用这一思想武装头脑、指导实践、推动工作。其次要深化马克思主义理论研究和建设，加快构建中国特色哲学社会科学，加强中国特色新型智库建设。第三要坚持正确舆论导向，高度重视传播手段建设和创新，提高新闻舆论传播力、引导力、影响力、公信力。尤其是要加强互联网内容建设，建立网络综合治理体系，营造清朗的网络空间。第四要落实意识形态工作责任制，加强阵地建设和管理，注意区分政治原则问题、思想认识问题、学术观点问题，旗帜鲜明反对和抵制各种错误观点。

第二，培育和践行社会主义核心价值观。这是新时代文化建设的重要内容。社会主义核心价值观是社会主义核心价值体系的内核，体现社会主义核心价值体系的根本性质和基本特征，反映社会主义核心价值体系的丰富内涵和实践要求，是当代中国精神的集中体现，凝结着全体人民共同的价值追求。党的十八大以来，我们党把核心价值观建设作为强基固本的战略工程来抓，持续用力、步步深入，大大增强了人民价值观自信，凝聚了团结奋进的强大力量。新时代文化建设必须不断把核心价值观建设推向纵深。首先要以培养担当民族复兴大任的时代新人为着眼点，强化教育引导、实践养成、制度保障，把核心价值观融入社会发展各方面，转化为人们的情感认同和行为习惯。其次要充分发挥核心价值观的引领作用，使之贯穿国民教育全过程，融入精神文明创建各方面，渗透精神文化产品创作生产传播各环节。第三要坚持全民行动、干部带头，从家庭做起，从娃娃抓起，推动形成人人参与、人人践行的生动局面。最后要深入挖掘中华优秀传统文化蕴含的思想观念、人文精神、道德规范，结合时代要求继承创新，让中华文化展现出永久魅力和时代风采。

第三，加强思想道德建设。道德是社会关系的基石，是人际和谐的基础。国无德不兴，人无德不立。必须加强全社会的思想道德建设，激发人们形成善良的道德意愿、道德情感，培育正确的道德判断和道德责任，提高道德实践能力尤其是自觉践行能力，引导人们向往和追求讲道德、尊道德、守道德的生活，形成向上的力量、向善的力量。人民有信仰，国家有力量，民族有希望。只要中华民族一代接着一代追求美好崇高的道德境界，我们的民族就永远充满希望。改革开放以来，我们党、国家、民族的面貌发生了前所未有的变化，人民的面貌也发生了前所未有的变化，全社会思想道德主流始终是健康向上的。特别是党的十八大以来，随着党风政风的明显好转，社会风气呈现许多可喜变化。但值得重视的是，思想道德领域仍然存在不少问题，信仰缺失、道德缺失、诚信缺失等在某些领域仍然比较突出。必须把思想道德建设摆在突出位置，加大教育引导和规范治理力度，提高人民思想觉悟、道德水准、文明素养，提高全社会文明程度。一要广泛开展理想信念教育，深化中国特色社会主义和中国梦宣传教育，弘扬民族精神和时代精神，加强爱国主义、集体主义、社会主义教育，引导人们树立正确的历史观、民族观、国家观、文化观。二要深入实施公民道德建设工程，推进社会公德、职业道德、家庭美德、个人品德建设，激励人们向上向善、孝老爱亲，忠于祖国、忠于人民。三要加强和改进思想政治工作，深化群众性精神文明创建活动。四要弘扬科学精神，普及科学知识，开展移风易俗、弘扬时代新风行动，抵制腐朽落后文化侵蚀。五要推进诚信建设和志愿服务制度化，强化社会责任意识、规则意识、奉献意识。

第四，繁荣发展社会主义文艺。文艺是时代前进的号角。进入新时代，文艺更应感国运之变化、发时代之先声，在为新时代鼓与呼中展现新面貌新气象。党的十八大以来，我国文艺工作打开新局面，文艺事业欣欣向荣，文艺气象焕然一新。我们要坚定信心、乘势而上，不负时代召唤、无愧人民期待，推出更多的文艺精品，筑就新的文艺高峰。首先要坚持以人民为中心的创作导向。社会主义文艺是人民的文艺，人民需要文艺、文艺更需要人民。要引导文艺工作者解决好"为了谁、依靠谁、我是谁"这个根本问题，把以人民为中心作为文艺创作的最高准则，自觉在深入生活、扎根人民中进行无愧于时代的文艺创造。其次要繁荣文艺创作，坚持思想精深、艺术精湛、制作精良相统一，加强现实题材创作，不断推出讴歌党、讴歌祖国、讴歌人民、讴歌英雄的精品力作。第三要发扬学术民主、艺术民主，提升文艺原创力，推动文艺创新。第四要倡导讲品位、讲格调、讲责任，抵制低俗、庸俗、媚俗。第五要加强文艺队伍建设，造就一大批德艺双馨名家人师，培育一大批高水平创作人才。

第五，推动文化事业和文化产业发展。这是推动新时代文化事业繁荣兴盛的基本途径。进入新时代，我国社会的主要矛盾已经转化为人民日益增长的美好生活需要和不平衡不充分的发展之间的矛盾。发展文化事业和文化产业，为全体人民提供丰富的精神食粮，是满足人民过上美好生活新期待的必然要求。所以必须坚持以改革促发展、促繁荣，坚定不移深化文化体制改革，完善文化管理体制，加快构建把社会效益放在首位、社会效益和经济效益相统一的体制机制，为文化事业和文化产业的发展提供更好的制度保障。要着眼推动文化事业全面繁荣，重点完善公共文化服务体系，深入实施文化惠民工程，丰富群众性文化活动，提高文化标准化均等化水平。要加强文物保护利用和文化遗产保护传承，发挥好文物对于弘扬中华优秀传统文化的重要作用。要着眼推动文化产业快速发展，重点健全现代文化产业体系和市场体系，创新生产经营机制，完善文化经济政策，培育新型文化业态。要着眼扩大中华文化影响，重点加强中外人文交流，以我为主、兼收并蓄；推进国际传播能力建设，讲好中国故事，展现真实、立体、全面的中国，提高国家文化软实力。

十、新治理：新时代加强和创新社会治理

民生是人民幸福之基、社会和谐之本。让人民过上幸福生活是社会主义社会的本质要求，增进民生福祉是我们党立党为公、执政为民的使命所在。习近平总书记在党的十九大报告中提出"提高保障和改善民生水平，加强和创新社会治理"的要求。对于"社会治理"这一概念的运用，在认识上是经历了一个过程的——党的十八届三中全会之前，我们主要使用的概念是"社会管理"，自十八届三中全会通过《中共中央关于全面深化改革若干重大问题的决定》起，我们党开始用"社会治理"这一概念来替换"社会管理"。"社会管理"转变为"社会治理"，由"管理"到"治理"虽然只有一字之差，但思想更深刻、内涵更丰富。"社会治理"更加突出了党委领导和政府主导下的多元社会主体共同参与、良性互动，有利于构建共建共治共享的社会治理新格局；更加突出以人为本和以人民为中心的社会治理创新思想，强化人民群众在社会治理中的主体地位、权益保障制度和首创精神；更加突出民主政治和法治思维、法治方式，社会治理要着眼于扩大人民民主，建设法治社会，提高社会治理民主化、法治化水平；更加突出系统治理、源头治理、综合治理，运用经济、法治、教育、行政等多种手段完善社会治理方式方法，标本兼治。这是对改革开放和社会主义现代化建设新时期我们党处理社会问题、解决社会矛盾所取得经验的深刻总结，集中反映了以习近平同志为核心的党中央在我国社会建设方面取得的重要理论与实践成果，标志着由传统的社会管理向适应时代发展要求的现代社会治理转变。

（一）党的十八大以来保障和改善民生、加强和创新社会治理的成就

党的十八大以来，以习近平同志为核心的党中央秉持以人民为中心的发展理念，把改善人民生活、增进人民福祉作为一切工作的出发点和落脚点，我国社会治理实践创新取得重大进展。从宏观社会治理到微观社会治理，从各领域系统治理到城乡社区治理，都大力度全方位地深入推进，取得了新突破、新进展、新成效。居民收入增长与 GDP 增长保持同步，城镇新增就业每年超 1300 万人，农村贫困人口平均每年减少近 1400 万人，异地看病就医实现直接结算，创业创新环境持续改善……不断出台改善民生的"实招"，实实在在帮群众解难题、为群众增福祉、让群众享公平。一项项新部署、一步步新改革、一份份百姓心中的获得感，为五年来的民生答卷增添了新的厚度与温度。

1.筑牢改善和保障民生工程

实施脱贫攻坚战。党的十八大以来，以习近平同志为核心的党中央把脱贫攻坚纳入"五位一体"总体布局和"四个全面"战略布局，把贫困人口脱贫作为全面建成小康社会的底线任务和标志性指标，吹响了打赢脱贫攻坚战的进军号，脱贫攻坚力度之大、规模之广、影响之深，前所未有，脱贫攻坚取得了新的成就。2015 年 11 月，党中央召开扶贫开发工作会议，发布《中共中央、国务院关于打赢脱贫攻坚战的决定》，对脱贫攻坚作出全面部署。2016 年 2 月，国务院印发《"十三五"脱贫攻坚规划》，细化落实中央决策部署。中共中央办公厅、国务院办公厅出台 11 个配套文件。中央和国家机关有关部门出台 118 个政策文件或实施方案。实施"六个精准"和"五个一批"计划。各地也相继出台和完善了"1+N"的脱贫攻坚系列文件，内容涉及产业扶贫、易地扶贫搬迁、劳务输出扶贫、交通扶贫、水利扶贫、教育扶贫、健康扶贫、金融扶贫、农村危房改造等。通过建立一套行之有效的脱贫攻坚责任体系、政策体系、投入体系等，中央各项决策部署得到落实。中央明确，扶贫投入力度要与打

赢脱贫攻坚战的要求相匹配。在财政投入上，2016 年中央和省级财政专项扶贫资金首次突破 1000 亿元，其中中央为 667 亿元，同比增长 43.4%；省级为 493.5 亿元，同比增长 56.1%。在金融支持上，各类金融机构加大对扶贫的支持力度，扶贫小额信贷累计发放 3113 亿元，共支持了 868 万贫困户。在党中央、国务院的领导下，国务院扶贫开发领导小组统筹协调、督促落实，各地区、各部门齐抓共管、密切配合，社会各界积极参与、合力攻坚，脱贫攻坚成绩显著。党的十八大以来，农村贫困人口持续大规模减少：2013—2016 年农村贫困人口年均减少 1391 万人，累计脱贫 5564 万人；贫困发生率从 2012 年年底的 10.2% 下降至 2016 年年底的 4.5%，下降 5.7 个百分点。农村贫困人口的大规模减少，为如期全面建成小康社会打下了坚实的基础。

促进就业创业。在经济发展进入新常态、增长速度放缓的情况下，通过实施扶持就业政策，广泛推行"大众创业、万众创新"，持续推进放管服改革，有力地激发了社会创造力，就业创业人员稳定增加，5 年来，就业形势保持总体稳定。城镇新增就业年均 1300 万以上，创造了超过 6500 万就业岗位，解决了 2790 多万下岗失业人员再就业问题和 880 多万城镇困难人员的就业问题。在化解过剩产能过程中，稳妥安置了近百万职工。在脱贫攻坚战中，解决了 480 多万农村建档立卡困难人员的转移就业问题。5 年来，随着简政放权的逐步推进，营商环境发生了巨大改善，系统完备的创业生态链正在延展、成熟。小到众创空间，大到创业型城市如雨后春笋般成长起来，一粒粒满载希望的种子生根发芽。创新创业不仅解决了劳动者自身就业的问题，也创造了大量就业岗位，释放出就业的"倍增效应"。

完善社会保障制度。近 5 年，我国社会保障制度在实现广覆盖、保基本、可持续的框架基础上，进一步打破城乡分割、单位双轨的坚冰，更多地体现了公平公正的原则。一是建立了全国统一的城乡居民基本养老保险制度，合并新型农村社会养老保险和城镇居民社会养老保险，打通了职工和居民两大基本养老保险制度的衔接通道。二是实施养老金并轨改革，制定基本养老保险基金投资管理办法，在确保安全的前提下努力实现基金保值增值。三是统筹推进社会救助。实施民生兜底保障工程：社会救助兜底保障作用有效发挥，城市低保标准和农村低保标准分别增59%和97%，累计支出7317亿元，近6000万低保人员和特困群众基本生活得到有效保障。自然灾害应对高效有序，国家启动自然灾害救灾应急响应117次，下拨中央救灾资金454亿元，救助受灾群众3.5亿人次。养老服务业加快发展，现在全国注册登记的养老机构达2.8万多家。社会福利和儿童保护制度更健全。军人抚恤优待水平连年提升。慈善和志愿服务事业蓬勃发展。国家的高度关注，使得我国社会保障覆盖范围持续扩大。截至2016年年底，我国基本养老、失业、工伤、生育保险参保人数分别达到8.88亿人、1.81亿人、2.19亿人、1.85亿人，比2012年年末分别增加9980万人、2864万人、2879万人、3022万人。基本医疗保险覆盖人数超过13亿人，全民医保基本实现。

改善住房保障。5年来，住房保障成就显著，采取一系列政策措施，引导房地产业持续健康发展，控制房价过快上涨。构建了包括公共租赁住房、棚户区改造、农村危旧房改造、住房公积金等在内的住房保障体系。房地产调控成效显现，房地产市场总体保持稳定。住建部正在进行12个大中城市住房租赁试点工作，支持北京、上海积极探索发展共有产权住房，并抓紧研究制定房地产长效机制、推进住房租赁市场的立法工作。5年来，近8000万困难群众改善了住房条件。棚户区改造大力推进，6000多万棚户区居民出棚进楼。公租房保障能力显著提升，1900多万住房困难的群众住进了公租房。

2. 推进社会治理基础性制度改革创新

教育、卫生、人口、户籍管理等制度是社会治理的重要基础性制度，国家采取了一系列重大决策部署和制度安排。

在教育领域，大力促进教育公平制度建设。5年来，中国教育优先发展，教育质量不断提升，教育公平受益面不断扩大，教育新体制的四梁八柱已经搭建，中国正努力用更好的教育回应人民的热切期盼。5 年来，通过拓宽教师来源、强化教学环节，中国教育教学质量不断提高。5 年来，教育改革全面深化，一系列指导措施和规划意见相继提出。从教师队伍建设到考试制度，从职业教育到创新创业教育，从中小学教学改革到地方高等本科院校转型……改革任务落在了每一个实处。5 年来，越来越多的外国人来中国求学，中国教育模式逐渐走出国门，中国在世界教育体系中话语权不断提升，中国的教育成果逐渐被世界认可。5 年来，我国教育投入突破 3 万亿元大关，教育投入占国内生产总值的比重保持在 4%；学校互联网接入率由 20% 以上提升到 90% 以上；教育系统取得的重大科研成果获国家三大奖的比例稳定在 2/3 以上；对农村贫困地区、少数民族地区的投入得到加强，没有一个孩子因家庭困难而辍学的目标基本实现；80% 以上的农民工随迁子女在流入地公办学校就学，2017 年有 15 万农民工子女报名在流入地参加高考，是 5 年前的 36.5 倍；建立了从幼儿园到大学覆盖各学段的资助体系。

在医疗卫生领域，突出建立现代医疗卫生制度。一是基本医疗保障制度覆盖全民。目前，我国基本医保覆盖 95% 以上人口，编织起全球最大的基本医疗保障网，世界卫生组织称赞"中国的医改成就举世瞩目"。二是完善大病保险和医疗救助制度。全面开展重特大疾病医疗救助，基本医保、大病保险、医疗救助、疾病应急救助、商业健康保险和慈善救助有效衔接。三是深化医药卫生体制改革，实行医疗、医保、医药联动，推进医药分开，实行分级治疗。破除公立医院以药养医机制。全面推进公立医院改革，优化医疗卫生机构布局。医疗综合服务能力在持续增强，2016 年年底我国医疗卫生机构发展到 98 万个，医疗卫生人员达到 1100 多万人，全国诊疗量达 79 亿人次。四是全面推进"健康中国"建设，加快转变健康领域发展方式，全方位、全周期维护和保障人民健康。公共卫生整体实力再上新台阶，免费基本公共卫生服务拓展到 14 类，群众就医负担持续减轻，基本医保参保率一直在95%以上，报销比例进一步提升，群众的健康水平持续提高。

在人口发展方面，完善计划生育制度和应对人口老龄化。实施人口发展战略，促进人口均衡发展。全面实施一对夫妇可生育两个孩子的政策。"二孩"政策的颁布，是对我国1983年以来所实行的计划生育"一孩"政策的重大调整，关系到中华民族子孙后代的繁衍和持续性发展。同时，积极开展应对人口老龄化行动，构建以生育政策、就业制度、养老服务、社保体系、健康保障、人才培养、环境支持、社会参与等为支撑的人口老龄化应对体系，积极研究制定渐进式延迟退休年龄政策。人口政策的创新，是近5年社会治理实践创新的重大标志。

在户籍管理方面，建立全国城乡统一的户口登记制度。取消了农业户口与非农业户口性质区分，统一登记为居民户口，稳步推进城镇基本公共服务常住人口实现市民化。"居住证"取代"暂住证"，并据此享受所在城市各类基本公共服务和各项便利。户籍制度改革是我国社会治理基础性制度的重大创新。

3. 健全公共安全体系，构建国家安全体制

党的十八大以来，"平安建设"被提到了一个新的历史高度。围绕深入推进平安建设，健全公共安全体系，推出食品药品安全、安全生产、防灾减灾、社会治安防控和网络安全等方面的体制机制改革举措。成立了统一权威的食品安全监管机构，建立了严格的覆盖全过程的监管制度，出台了一系列食品药品安全、质量安全的政策措施。持续深化安全生产管理体制改革，建立隐患排查治理体系和安全预防控制体系，努力遏制重大安全生产事故。健全防灾减灾救灾体制。应急管理体系不断健全，应对危机与风险的能力明显提高。加强社会治安综合治理，创新立体化社会治安防控体系。完善网络和信息化管理领导体制，制定和实施网络安全战略，加强网络市场监管。注重完善城乡社区治理体系。各地普遍推行民主化、网络化、网格化、精细化管理，创新城乡居民全面服务管

理新模式。畅通民主渠道，开展基层协商，推进城乡社区协商制度化、规范化和程序化。坚持因地制宜，突出特色，推动各地立足自身资源、条件、人文特色等实际，完善社区治理模式。平安中国建设取得重要新进展。落实总体国家安全观，党中央决定建立集中统一、高效权威的国家安全体制，采取了一系列重大举措。一是设立国家安全委员会。二是制定《国家安全战略纲要》和《关于加强国家安全工作的意见》。强调要做好各领域国家安全工作。三是修订并通过新的国家安全法。国家安全委员会的成立、《国家安全战略纲要》和国家安全法的制定，对维护国家安全和社会安全已经并将起到十分重要的作用。

4. 创新社会治理方式

按照推进社会治理现代化的要求，积极探索社会治理方式创新，是近5年中国社会治理新实践的重要特征。一是以信息化建设为基础，不断提升社会治理的网络化与智能化。中共中央办公厅、国务院办公厅印发《国家信息化发展战略纲要》，规范和指导未来10年国家信息化发展。国务院制定《"十三五"国家信息化规划》，明确统筹实施网络强国战略、大数据战略、"互联网+"行动，整合集中资源力量，为推进国家与社会治理体系和治理能力现代化提供数字动力引擎。北京、上海和深圳等特大城市积极探索符合超大城市特点和规律的社会治理新路子，强化网络化、智能化管理，提高城市管理标准，大力推行基层治理信息化，打造"智慧社区"，不断提高城市社会治理精细化、智能化、现代化管理水平。二是以推进全面依法治国为契机，不断推进社会治理的法治化与制度化。党的十八大以来，我国开辟了全面依法治国、建设法治社会的新局面。中国特色社会主义法律体系日益完备；高效的法治实施体系、严密的法治监督体系、有力的法治保障体系建设取得显著成效，对全面依法治国、依法治理社会发挥了重大推动作用。行政执法体制改革深入推进，公正文明执法水平明显提升。新一轮司法体制改革主体框架基本确立。司法责任制改革全面推开，以审判为中心的刑事诉讼制度改革深入推进，省以下地方法院、检察院人财物统一管理逐步推行。制定实施干预司法记录、通报和责任追究制度，设立知识产权法院、最高人民法院巡回法庭、跨行政区划法院检察院，实行立案登记制，废止劳教制度，一批重大冤假错案得到坚决纠正，司法职权配置不断优化，执法司法规范化建设进一步加强。

（二）当前我国社会治理领域面临的问题与挑战

1. 民生短板依旧突出

当前，我国在民生领域还有不少短板，脱贫攻坚任务艰巨，城乡区域发展和收入分配差距依然较大，群众在就业、教育、医疗、居住、养老等方面面临不少难题。中国特色社会主义进入新时代，我国社会主要矛盾已经转化为人民日益增长的美好生活需要和不平衡不充分的发展之间的矛盾。人民美好生活需要日益广泛，不仅对物质文化生活提出了更高要求，而且在民主、法治、公平、正义、安全、环境等方面的要求日益增长。发展不平衡不充分，已经成为满足人民日益增长的美好生活需要的主要制约因素。

2. 社会问题多发频发突发

每年一些地方出现的群体性事件是这一问题的集中体现，迫切要求创新社会治理。这一问题主要集中在人员待遇、土地征用、工资福利、房屋拆迁、涉法涉诉等利益领域内。归纳起来主要有四类：一是反映分配关系的低收入群体和中高收入群体之间的矛盾，二是反映城乡关系的农民与市民之间的矛盾，三是反映劳动关系的雇工与雇主之间的矛盾，四是反映党群干群关系的治理者与被治理者之间的矛盾。这四个方面在本质上是有联系的，共同预示着社会转型期的问题多发、矛盾增加、风险积累。因此，关注社会安全，防范和化解社会风险，创新社会治理，建立新的社会运行秩序，已经成为转型社会的重要议题。换而言之，是社会问题多发频发倒逼社会治理创新。

3. 不断增强的社会流动，在促进"单位人"向"社会人""社区人"转变的同时，对社会治理的重心提出了新要求

据有关统计，在城市就业总人口中，过去"单位人"占95%以上，现在这个比例已经降到30%左右。2010—2015年，中国流动人口数量持续保持2亿人以上，大量"单位人"已经向"社会人"转变。社会流动的规模已经越来越大，跨地区的流动已经成为一种常态，社会成员从单位人到社会人、社区人的大转变给社会治理带来了很多新问题新难题，传统社会治理模式和方法受到严重挑战。

4. 社会阶层结构的深刻变动

市场化取向的改革所催生的市场多元主体，在改变单一的所有制结构的同时，如何协调不同阶层、不同利益群体的诉求，对社会治理提出了新要求。我们认为，当前推进国家治理体系和治理能力现代化的一项重要工作，就是对我国各阶层的利益关系及其发展变化的趋势作深入的调查研究。据此对原有的体制进行改革，尽早制订出新政策、新措施，统筹协调好社会各阶层的利益关系，逐步建立起适应社会主义市场经济体制的利益分配体制机制。通过全面深化改革，努力协调好社会各阶层之间的利益关系，构建一个人人享有改革"获得感"的社会。

5. 传统体制的惯性影响

突出的表现有：一是观念滞后、"本末"颠倒，社会治理的价值取向错位。有些部门在履行社会治理职能时，其价值取向不是从"公民本位""社会本位""权益本位"的理念出发，而是从"官本位""政府本位"出发，严重影响了政府社会治理职能的发挥。二是注重经济增长，轻视社会发展。以GDP论英雄，导致社会发展与经济发展不协调，社会发展滞后于经济发展。三是党政不分，政社不分。改革开放前，我们在实践中扭曲了马克思主义国家观，照搬照抄苏联模式，形成了"社会治理国家化"的治理体制，导致了政党、国家和社会一体化的格局，导致党对社会事务的治理太过集中又事无巨细。四是政府职能转变不到位。应

当承认，多年来政府改革取得了很大成绩，政府职能有了很大转变，服务意识有了很大增强，服务型政府建设正在继续向前推进，但是需要改革的方面仍然很多。五是社会组织发育不够，发挥作用的空间有待提升。截至2016年1季度，全国有业务主管部门并经过民政部门登记的社会组织有66.48万个，其中社会团体32.9万个，民办非企业单位33.1万个，基金会4841个。社会组织在社会治理和公共服务中初步发挥了重要作用，但从整体上看，发育还不够成熟，主要表现在四个方面：第一，行政色彩浓厚，自主性不高。从我国现有的社会组织看，在社会上较有影响的社会组织，绝大多数是官办、官管，或者是官办程度较高。第二，组成结构不合理，功能发挥有待提高。当前我国社会组织发展很不平衡，互益性组织尤其是互益性经济类组织，如行业协会、商会等发展较快，而公益性社会组织，如基金会、民办非企业单位发展相对较慢。第三，社会组织法律法规体系不健全，目前还没有一部《社会组织法》来规范和保护社会组织的活动。第四，认识不到位，对社会组织功能认识不足。

（三）关于提高保障和改善民生水平，加强和创新社会治理的新部署

十九大报告指出："必须始终把人民利益摆在至高无上的地位，让改革发展成果更多更公平惠及全体人民，朝着实现全体人民共同富裕不断迈进。""保障和改善民生要抓住人民最关心最直接最现实的利益问题，既尽力而为，又量力而行，一件事情接着一件事情办，一年接着一年干。坚持人人尽责、人人享有，坚守底线、突出重点、完善制度、引导预期，完善公共服务体系，保障群众基本生活，不断满足人民日益增长的美好生活需要，不断促进社会公平正义，形成有效的社会治理、良好的社会秩序，使人民获得感、幸福感、安全感更加充实、更有保障、更可持续。"对新时代条件下提高保障和改善民生水平，加强和创新社会治理提出了新部署。

1.优先发展教育事业

建设教育强国是中华民族伟大复兴的基础工程，必须把教育事业放在优先位置，深化教育改革，加快教育现代化，办好人民满意的教育。要全面贯彻党的教育方针，落实立德树人根本任务，发展素质教育，推进教育公平，培养德智体美全面发展的社会主义建设者和接班人。推动城乡义务教育一体化发展，高度重视农村义务教育，办好学前教育、特殊教育和网络教育，普及高中阶段教育，努力让每个孩子都能享有公平而有质量的教育。完善职业教育和培训体系，深化产教融合、校企合作。加快一流大学和一流学科建设，实现高等教育内涵式发展。健全学生资助制度，使绝大多数城乡新增劳动力接受高中阶段教育、更多接受高等教育。支持和规范社会力量兴办教育。加强师德师风建设，培养高素质教师队伍，倡导全社会尊师重教。办好继续教育，加快建设学习型社会，大力提高国民素质。

2.提高就业质量和人民收入水平

就业是最大的民生。要坚持就业优先战略和积极就业政策，实现更高质量和更充分就业。大规模开展职业技能培训，注重解决结构性就业矛盾，鼓励创业带动就业。提供全方位公共就业服务，促进高校毕业生等青年群体、农民工多渠道就业创业。破除妨碍劳动力、人才社会性流动的体制机制弊端，使人人都有通过辛勤劳动实现自身发展的机会。完善政府、工会、企业共同参与的协商协调机制，构建和谐劳动关系。坚持按劳分配原则，完善按要素分配的体制机制，促进收入分配更合理、更有序。鼓励勤劳守法致富，扩大中等收入群体，增加低收入者收入，调节过高收入，取缔非法收入。坚持在经济增长的同时实现居民收入同步增长、在劳动生产率提高的同时实现劳动报酬同步提高。拓宽居民劳动收入和财产性收入渠道。履行好政府再分配调节职能，加快推进基本公共服务均等化，缩小收入分配差距。

3.加强社会保障体系建设

按照兜底线、织密网、建机制的要求，全面建成覆盖全民、城乡统筹、权责清晰、保障适度、可持续的多层次社会保障体系。全面实施全民参保计划。完善城镇职工基本养老保险和城乡居民基本养老保险制度，尽快实现养老保险全国统筹。完善统一的城乡居民基本医疗保险制度和大病保险制度。完善失业、工伤保险制度。建立全国统一的社会保险公共服务平台。统筹城乡社会救助体系，完善最低生活保障制度。坚持男女平等基本国策，保障妇女儿童合法权益。完善社会救助、社会福利、慈善事业、优抚安置等制度，健全农村留守儿童和妇女、老年人关爱服务体系。发展残疾人事业，加强残疾康复服务。坚持房子是用来住的、不是用来炒的定位，加快建立多主体供给、多渠道保障、租购并举的住房制度，让全体人民住有所居。

4.坚决打赢脱贫攻坚战

让贫困人口和贫困地区同全国一道进入全面小康社会是我们党的庄严承诺。要动员全党全国全社会力量，坚持精准扶贫、精准脱贫，坚持中央统筹省负总责市县抓落实的工作机制，强化党政一把手负总责的责任制，坚持大扶贫格局，注重扶贫同扶志、扶智相结合，深入实施东西部扶贫协作，重点攻克深度贫困地区脱贫任务，确保到2020年我国现行标准下农村贫困人口实现脱贫，贫困县全部摘帽，解决区域性整体贫困，做到脱真贫、真脱贫。

5.实施健康中国战略

人民健康是民族昌盛和国家富强的重要标志。要完善国民健康政策，为人民群众提供全方位全周期健康服务。深化医药卫生体制改革，全面建立中国特色基本医疗卫生制度、医疗保障制度和优质高效的医疗卫生服务体系，健全现代医院管理制度。加强基层医疗卫生服务体系和全科医生队伍建设。全面取消以药养医，健全药品供应保障制度。坚持预防为主，深入开展爱国卫生运动，倡导健康文明生活方式，预防控制重大疾病。实施食品安全战略，让人民吃得放心。坚持中西医并重，传承发展中医药事业。支持社会办医，发展健康产业。促进生育政策和相关经济社会政策配套衔接，加强人口发展战略研究。积极应对人口老龄化，构建养老、孝老、敬老政策体系和社会环境，推进医养结合，加快老龄事业和产业发展。

6. 打造共建共治共享的社会治理格局

加强社会治理制度建设，完善党委领导、政府负责、社会协同、公众参与、法治保障的社会治理体制，提高社会治理社会化、法治化、智能化、专业化水平。加强预防和化解社会矛盾机制建设，正确处理人民内部矛盾。树立安全发展理念，弘扬生命至上、安全第一的思想，健全公共安全体系，完善安全生产责任制，坚决遏制重特大安全事故，提升防灾减灾救灾能力。加快社会治安防控体系建设，依法打击和惩治黄赌毒黑拐骗等违法犯罪活动，保护人民人身权、财产权、人格权。加强社会心理服务体系建设，培育自尊自信、理性平和、积极向上的社会心态。加强社区治理体系建设，推动社会治理重心向基层下移，发挥社会组织作用，实现政府治理和社会调节、居民自治良性互动。

7. 有效维护国家安全

国家安全是安邦定国的重要基石，维护国家安全是全国各族人民根本利益所在。要完善国家安全战略和国家安全政策，坚决维护国家政治安全，统筹推进各项安全工作。健全国家安全体系，加强国家安全法治保障，提高防范和抵御安全风险能力。严密防范和坚决打击各种渗透颠覆破坏活动、暴力恐怖活动、民族分裂活动、宗教极端活动。加强国家安全教育，增强全党全国人民国家安全意识，推动全社会形成维护国家安全的强大合力。

十一、新环境：新时代建设美丽中国

生态文明建设是关系人民福祉、关系民族未来的大计。习近平总书记在党的十九大报告中指出："建设生态文明是中华民族永续发展的千年大计。必须树立和践行绿水青山就是金山银山的理念，坚持节约资源和保护环境的基本国策，像对待生命一样对待生态环境，统筹山水林田湖草系统治理，实行最严格的生态环境保护制度，形成绿色发展方式和生活方式，坚定走生产发展、生活富裕、生态良好的文明发展道路，建设美丽中国，为人民创造良好生产生活环境，为全球生态安全作出贡献。"当前，生态文明建设在我国社会主义现代化建设中的地位日益凸显，成为我国现代化进程中不得不解决的一个重大课题。为此，党的十九大报告提出通过大力推进生态文明建设，建设美丽中国，实现中华民族的永续发展，并将树立和践行绿水青山就是金山银山的理念，和像对待生命一样对待生态环境写入报告，既是对人类文明发展潮流的主动引领，也是对改革开放以来发展实践的深刻总结，更是对人民群众生态诉求日益增长的积极回应，也体现了中国共产党对中国特色社会主义建设规律认识的重大深化。认真学习习近平总书记关于社会主义生态文明建设的论述，对于我们深刻认识生态文明建设的重要性，坚持和贯彻新发展理念，正确处理好经济发展同生态环境保护的关系，坚定不移走生产发展、生活富裕、生态良好的文明发展道路，推进美丽中国建设，实现"两个一百年"奋斗目标、实现中华民族伟大复兴的中国梦，具有十分重要的意义。

（一）我国环境保护的历程

生态文明是人类为保护和建设美好生态环境而取得的物质成果、精神成果和制度成果的总和，是人与自然、环境与经济、人与社会和谐共生的社会形态。它既是对传统发展模式的深刻反思和升华，又是对未来持续发展的美好向往和憧憬。生态文明不是不要发展，不搞工业文明，放弃对物质生活追求，回到原生态的生产生活方式，而是在吸收借鉴人类一切文明成果尤其是工业文明成果的基础上，为统筹解决经济社会发展与资源环境问题，提供了全新的指导理念和实践取向，开辟了无限广阔的发展空间。

面对资源约束趋紧、环境污染严重、生态系统退化的严峻形势，需要与时俱进的巨大勇气和创新精神。建设生态文明，是我们党创造性地回答经济发展与环境关系问题所取得的重大成果，为统筹人与自然和谐发展指明了前进方向；是我们党积极主动顺应广大人民群众新期待，进一步丰富和完善中国特色社会主义事业总体布局的战略部署；是我们党充分吸纳中华传统文化智慧并反思工业文明与现有发展模式不足，积极推进人类文明进程的重大贡献；是我们党深刻把握当今世界发展绿色、循环、低碳新趋向，对可持续发展理论的拓展和升华。系统梳理我国推进环境保护的历程，我国环境保护大致可以分为五个阶段。

1. 第一个阶段：从 20 世纪 70 年代初到党的十一届三中全会

1972 年，我国派出代表团参加了联合国人类环境会议。1973 年 8 月，国务院召开第一次全国环境保护会议，提出了"全面规划、合理布局，综合利用、化害为利，依靠群众、大家动手，保护环境、造福人民"的 32 字环保工作方针。但是，由于"文化大革命"极"左"思潮的干扰，"宁要社会主义的草，不要资本主义的苗""社会主义没有污染""说社会主义有污染是对社会主义的污蔑"等口号，严重误导了对环境污染客观实际的评价，使得当时人们不敢正视我国社会日益严重的环境污染问题。

2. 第二个阶段：从党的十一届三中全会到党的十四大

这一时期，我国环境保护逐渐步入正轨。1983年第二次全国环境保护会议，把保护环境确立为基本国策。1984年5月，国务院作出《关于环境保护工作的决定》，环境保护开始纳入国民经济和社会发展计划。1988年设立的国家环境保护局，成为国务院直属机构。地方政府也陆续成立环境保护机构。1989年国务院召开第三次全国环境保护会议，提出要积极推行环境保护目标责任制、城市环境综合整治定量考核制、排放污染物许可证制、污染集中控制、限期治理、环境影响评价制度、"三同时"制度、排污收费制度等8项环境管理制度。同时，以1979年颁布试行、1989年正式实施的《环境保护法》为代表的环境法规体系初步建立，为开展环境治理奠定了法治基础。

3. 第三个阶段：从党的十四大到党的十六大

1992年，中共中央、国务院发布《中国关于环境与发展问题的十大对策》，把实行可持续发展确立为国家战略。1994年3月，我国政府制定实施《中国21世纪议程》。1996年，国务院召开第四次全国环境保护会议，做出了《关于加强环境保护若干问题的决定》，大力推进"一控双达标"（控制主要污染物排放总量、工业污染源达标和重点城市的环境质量按功能区达标）工作，全面开展"三河"（淮河、海河、辽河）、"三湖"（太湖、滇池、巢湖）水污染防治，"两控区"（酸雨污染控制区和二氧化硫污染控制区）大气污染防治、"一市"（北京市）、"一海"（渤海）（简称"33211"工程）的污染防治。启动了退耕还林、退耕还草、保护天然林等一系列生态保护重大工程。

4. 第四个阶段：从党的十六大到党的十八大

党的十六大以来，党中央、国务院提出树立和落实科学发展观、构建社会主义和谐社会、建设资源节约型环境友好型社会、让江河湖泊休养生息、推进环境保护历史性转变、环境保护是重大民生问题、探索环境保护新路等新思想新举措。2002年、2006年和2011年，国务院先后召开第五次全国环境保护会议、第六次全国环境保护大会、第七次全国环境保护大会，作出一系列新的重大决策部署。把主要污染物减排作为经济社会发展的约束性指标，完善环境法制和经济政策，强化重点流域区域污染防治，提高环境执法监管能力，积极开展国际环境交流与合作。

5. 第五个阶段：党的十八大以来

党的十八大将生态文明建设纳入中国特色社会主义事业总体布局，把生态文明建设放在突出地位，要求融入经济建设、政治建设、文化建设、社会建设各方面和全过程，部署生态文明体制改革、生态文明法律制度、绿色发展的目标任务，努力建设美丽中国，实现中华民族永续发展，走向社会主义生态文明新时代。这是具有里程碑意义的科学论断和战略抉择，标志着我们党对中国特色社会主义规律认识的进一步深化，昭示着要从建设生态文明的战略高度来认识和解决我国环境问题。党的十八大以来，以习近平同志为核心的党中央高度重视并大力推进生态文明建设，全党全国贯彻绿色发展理念的自觉性和主动性显著增强，忽视生态环境保护的状况明显改善。我国生态文明建设决心之大、力度之大、成效之大在我国发展史上是前所未有的，生动诠释了党和国家事业发生的历史性变革。

（二）党的十八大以来的美丽中国建设

人与自然是生命共同体，人类必须尊重自然、顺应自然、保护自然。人类只有遵循自然规律才能有效防止在开发利用自然上走弯路，人类对大自然的伤害最终会伤及人类自身，这是无法抗拒的规律。我们要建设的现代化是人与自然和谐共生的现代化，既要创造更多物质财富和精神财富以满足人民日益增长的美好生活需要，也要提供更多优质生态产品以满足人民日益增长的优美生态环境需要。必须坚持节约优先、保护优先、自然恢复为主的方针，形成节约资源和保护环境的空间格局、产业结构、生产方式、生活方式，还自然以宁静、和谐、美丽。

新时代行动纲领

党的十八大以来，以习近平同志为核心的党中央，从中国特色社会主义事业"五位一体"总体布局的战略高度，从实现中华民族伟大复兴中国梦的历史维度，强力推进生态文明建设，引领中华民族永续发展。五年来，建立健全了自然资源资产产权制度、建立了国土空间开发保护制度、完善了生态文明绩效评价考核和责任追究制度等制度；出台了被称为"史上最严"的新《环境保护法》，加强了对环境违法犯罪打击力度和生态环保执法监管力度，启动了大气污染防治强化督查；五年来，各地不断加大自然生态系统和环境保护力度，生态文明建设扎实有序推进，生态文明体制机制日趋完善，生态文明理念深入人心。积极参与国际治理，签署《联合国气候变化框架公约》，为应对全球气候变化作出突出贡献；中国绿色发展为世界贡献了中国方案，联合国环境规划署发布《绿水青山就是金山银山：中国生态文明战略与行动》报告；中国的生态文明建设理念和经验，正在为全世界可持续发展提供重要借鉴。

1. 生态文明建设取得明显成效

中共中央、国务院制定出台《关于加快推进生态文明建设的意见》，为资源节约、生态保护、环境治理提供了行动纲领。"十二五"规划确定的节约资源、生态环境指标超额完成，"十三五"前两年又取得新的成就。生态环境治理明显加强，环境状况待到改善。

坚决打好蓝天保卫战。国务院印发并全面落实《大气污染防治行动计划》，提出了10条35项综合治理措施，25个省（区、市）和国务院有关部门出台落实"大气十条"实施方案，建立了京津冀及周边地区、长三角大气污染防治协作机制和全国大气污染防治部际协调机制，统筹推进区域大气污染联防联控和部门协作配合，出台了环保电价、专项资金、新能源汽车补贴、油品升级价格等6项配套政策，发布了18项污染物排放标准、9项技术政策、19项技术规范。设立大气污染防治专项资金，发布实施《清洁空气研究计划》，完善监测预警应急体系，严格环境执法和督查问责，推动能源结构优化调整，实施以电代煤、以气代煤，加快淘汰每小时 10 蒸吨及以下的燃煤锅炉。2015 年 8 月 29 日，第十二届全国人民代表大会常务委员会第十六次会议修订通过《中华人民共和国大气污染防治法》，自 2016 年 1 月 1 日起施行。这部法律的实施，为治理环境提供了有力的制度保障，在实践中也产生积极影响。来自环保部的数据显示，2016 年，全国 PM10 平均浓度同比下降 5.7%，比 2013 年下降 15.5%；京津冀、长三角、珠三角三个重点区域 PM2.5 平均浓度同比分别下降了 7.8%、13.2% 和 5.9%，和 2013 年相比下降幅度都超过 30%，超过了"大气十条"的要求。

防治水污染成效显著。针对水污染防治的紧迫性、复杂性、艰巨性、长期性，行动计划突出深化改革和创新驱动思路，坚持系统治理、改革创新理念，按照"节水优先、空间均衡、系统治理、两手发力"的原则，突出重点污染物、重点行业和重点区域，注重发挥市场机制的决定性作用、科技的支撑作用和法规标准的引领作用，加快推进水环境质量改善。五年来，我国通过不断加大水污染治理的投入，实施水体污染控制与治理科技重大专项，启动并落实《水污染防治行动计划》，全面推行河长制，修订水污染防治法，实行最严格水资源管理制度等措施，使我国水污染防治工作取得阶段性成果，水环境质量明显改善。

防治土壤污染力度加大。2013 年 1 月，国务院办公厅印发《近期土壤环境保护和综合治理工作安排》；2013 年，基本形成全国农业面源污染监测网络；2016 年 3 月，全国人大常委会将制定土壤污染防治法纳入十二届全国人大常委会立法规划；2016 年 5 月，国务院印发《土壤污染防治行动计划》，明确把保护好土壤环境作为推进生态文明建设和维护国家生态安全的重要内容，同意开展全国土壤污染状况详查，明确 25 项拟出台配套政策措施。31 个省（区、市）编制完成土壤污染防治工作方案，13 个部门制定重点工作实施方案。一组组的数据，一个个的事件，一条条的措施，防治土壤污染，各部门积极在行动，成效已初步显现。

农村环境持续改善。农村存在的一系列突出环境问题逐步得以解决。

整治后的村庄环境"脏乱差"问题得到有效解决，环境面貌焕然一新。深入开展城乡环境卫生整洁行动，统筹治理城乡环境卫生问题，加快农村改厕步伐，使城乡环境卫生条件明显改善，影响健康的主要环境危害因素得到有效治理。目前，全国60%的建制村生活垃圾得到处理，22%的建制村生活污水得到处理，畜禽养殖废弃物综合利用率近60%。农村环境综合整治有力促进了生态乡镇、生态村建设，全国已有4596个国家级生态乡镇，成为当地经济、社会与环境协调发展的典范，夯实了农村生态文明建设的基础。

自然生态保护成绩斐然。在全国自然保护区综合管理方面，国务院印发《国家级自然保护区调整管理规定》、国家海洋局印发《国家级海洋保护区规范化建设与管理指南》、环境保护部等10部委（院）联合下发了《关于进一步加强涉及自然保护区开发建设活动监督管理的通知》等文件，开展自然保护区建设管理专项检查活动，加强对各级各类自然保护区监管。加强对生物多样性保护，完成了生物多样性保护优先区域边界核定工作，加强了对生物多样性保护工作的领导。防治外来物种侵袭，对受威胁的动植物种进行摸底，开展国家重点管理和区域性危害严重外来入侵物种调查摸底工作，进一步充实完善中国外来入侵物种数据库。加强湿地保护，启动了对气候变化具有重要意义的泥炭沼泽碳库调查。加强草原生态保护，实施草原生态保护补助奖励机制政策。在森林保护方面，实施退耕还林还草、荒漠荒地造林，退耕还林成果得到进一步巩固和发展，大小兴安岭、长白山林区的天然林全部纳入停伐范围。建立国家公园体制，借鉴国际经验和教训，提出了"自然保护区＋国家公园＋其他各类保护地"构成的自然保护地体系和中国国家公园组建方案。

2. 生态文明体制改革实现重大突破

针对生态文明体制改革相对滞后的情况，党中央专门制定出台《生态文明体制改革总体方案》，搭建了生态文明制度体系的顶层设计，设计了改革路线图。按照《生态文明体制改革总体方案》确定的"八项制度"，各项改革扎实推进，不少领域实现重大突破，生态文明制度体系加快形成。自然资源资产产权制度改革已经展开，主体功能区制度逐步健全，空间规划体系改革试点全面启动，资源总量管理和全面节约制度不断强化，资源有偿使用和生态补偿制度改革持续推进，环境治理体系改革力度明显加大，环境治理和生态保护市场体系加快建立，生态文明绩效评价考核和责任追究制度全面建立。编制自然资源资产负债表、领导干部自然资源资产离任审计、党政领导干部生态环境损害责任追究、生态环境损害赔偿制度、国家生态文明试验区、国家公园等改革试点进展顺利。新修订一批法律法规，法律制度不断完善。中央环境保护督察硬拳出击，解决了许多长期想解决而没有解决的环保难题，人民群众的获得感大大增强。

五年来，生态环保改革制度不断完善，生态文明体制建设的顶层设计初现端倪——《大气污染防治行动计划》（国发〔2013〕37号）《水污染防治行动计划》（国发〔2015〕17号）《土壤污染防治行动计划》（国发〔2016〕31号）陆续出台；新修订的《环境保护法》颁布施行；《"十三五"生态环境保护规划》（国发〔2016〕65号）《控制污染物排放许可制实施方案》（国办发〔2016〕81号）等接连发布；全国人大常委会首次审议环保目标完成情况报告，《环境保护税法》获全国人大常委会审议通过。中共中央、国务院印发《关于加快推进生态文明建设的意见》和《生态文明体制改革总体方案》，共同形成了深化生态文明体制改革的战略部署和制度架构。出台党政领导干部生态环境损害责任追究等配套文件，打好生态文明建设和体制改革"组合拳"。

围绕生态环保展开的执法督察越来越严格——"两高"司法解释降低环境入罪门槛，最高人民法院成立环境资源审判庭；积极开展环境污染刑事案件司法解释工作，发布《最高人民法院、最高人民检察院关于办理环境污染刑事案件适用法律若干问题的解释》，对统一环境污染犯罪的定罪量刑标准，加大对环境污染犯罪行为的打击力度，发挥了重要作用。启动生态环境损害赔偿制度改革、自然资源资产负债表编制、自然资源资产离任审计等试点。推进排污许可证管理制度改革，深入开展排污权有偿使用与交易试点。

生态文明建设各项实施逐步细化。中共中央办公厅、国务院办公厅印发《关于省以下环保机构监测监察执法垂直管理制度改革试点工作的指导意见》，河北、重庆率先实施垂直管理制度改革试点。中央全面深化改革领导小组审议通过《关于划定并严守生态保护红线的若干意见》，31个省（区、市）均已启动生态保护红线划定工作。国务院办公厅印发《控制污染物排放许可制实施方案》，启动火电、造纸行业排污许可证申请与核发。环境保护部会同农业部、住房和城乡建设部印发《培育发展农业面源污染治理、农村污水垃圾处理市场主体方案》，环境保护部印发《"十三五"环境影响评价改革实施方案》，出台《生态环境损害鉴定评估技术指导指南总纲》等技术规范，在吉林等7省（市）开展生态环境损害赔偿制度改革试点，试点工作实施方案经中央全面深化改革领导小组会议审议通过后由7省（市）印发实施。中国人民银行等7部门印发《关于构建绿色金融体系的指导意见》。国务院公布的《畜禽规模养殖污染防治条例》，分总则、预防、综合利用与治理、激励措施、法律责任、附则共6章44条。对防治畜禽养殖污染、推进畜禽养殖废弃物的综合利用和无害化处理、保护和改善环境、促进畜牧业持续健康发展起到重要作用。

中央环保督察启动、省以下环保机构监测监察执法垂直管理制度改革开始试点，在河北省开展中央环境保护督察试点；推进生态环境监测网络建设，将分三步完成国家大气、水和土壤环境质量监测点位的建设和事权上收。建成由352个监控中心、10257个国家重点监控企业组成的污染源监控体系，强化在线实时监控效果。全面完成1436个国控环境空气质量监测站事权上收任务，建成由2767个监测断面组成的国家地表水监测网，初步建成国家土壤环境监测网。2016年，全国各级环保部门下达行政处罚决定12.4万余份，罚款66.3亿元；全国实施按日连续处罚、查封扣押、限产停产、移送行政拘留、移送涉嫌环境污染犯罪案件共 22730 件。2016 年，中央环保督察组全年共进驻 16 个省份，分别展开为期约一个月的督察工作。合计受理群众举报 3.3 万件，约谈 6307 人，问责 6454 人。

经中央批准，"生态建设示范区"正式更名为"生态文明建设示范区"。环境保护部印发《关于大力推进生态文明建设示范区工作的意见》《生态文明建设试点示范区指标》等文件，新增 72 个生态文明建设试点。全国已有海南、黑龙江等 16 个省（区）开展生态省（区）建设，1000 多个市（县）开展生态市（县）建设。设立"中国生态文明奖"。全国已建成国家级生态市（县）92 个、生态乡镇 4596 个。在三江源等地区开展国家公园体制试点。

3. 生态文明理念日益深入人心

习近平总书记发表了一系列重要讲话，全面阐述了社会主义生态文明建设的理念、意义、方针、方法、举措，形成习近平新时代中国特色社会主义思想的生态文明思想，为推进生态文明建设提供了理论指导和行动指南。各地区各部门的思想和行动日益统一到以习近平同志为核心的党中央关于生态文明建设和改革的决策部署上来。习近平总书记关于绿水青山就是金山银山、像对待生命一样对待生态环境、山水林田湖草是一个生命共同体、实行最严格的生态环境保护制度等生态文明理念，成为全党、全社会全体人民的最大共识。

党的十八大以来，我们在生态文明建设方面取得了巨大成绩，但我们也要清楚地认识到，经过 30 多年快速发展积累下来的环境问题进入高强度频发阶段，我国农产品、工业品、服务产品的生产能力迅速扩大，但提供优质生态产品的能力却在减弱，一些地方生态环境还在恶化。特别是有些地方，像重金属污染区，水被污染了，土壤被污染了，到了积重难返的地步，成为民生之患、民心之痛。如果仍是粗放发展，即使实现了国内生产总值翻一番的目标，届时资源环境恐怕完全承载不了，老百姓的幸福感会大打折扣，甚至会出现强烈的不满情绪，那就不仅仅是经济问题，甚至发展成为重大政治问题。从目前看，环境问题已经成为制约我国经济社会可持续发展的重大矛盾和人民生活质量提高的重大障碍，生态文明建设已成为全面建成小康社会的突出短板。

习近平总书记尖锐指出：我们在生态环境方面欠账太多了，如果不从现在起就把这项工作紧紧抓起来，将来付出的代价会更大。在这个问题上，我们没有别的选择。必须尽力补上生态文明建设这块短板。全党同志都要清醒认识保护生态环境、治理环境污染的紧迫性和艰巨性，清醒认识加强生态文明建设的重要性和必要性，真正下决心把环境污染治理好、把生态环境建设好，为人民创造良好生产生活环境。习近平总书记强调：环境就是民生，青山就是美丽，蓝天也是幸福。要把生态环境保护放在更加突出位置，像保护眼睛一样保护生态环境，像对待生命一样对待生态环境，在生态环境保护上一定要算大账、算长远账、算整体账、算综合账，不能因小失大、顾此失彼、寅吃卯粮、急功近利。

面对资源约束趋紧、环境污染严重、生态系统退化的严峻形势，面对广大人民群众的热切期盼，我们必须从根本上扭转我国生态环境恶化的趋势。我国已经进入全面建成小康社会的决胜阶段。小康全面不全面，生态环境质量很关键。良好生态环境是最公平的公共产品，是最普惠的民生福祉。对人的生存来说，金山银山固然重要，但绿水青山是人民幸福生活的重要内容，是金钱不能代替的。

生态文明建设事关"两个一百年"奋斗目标的实现和中华民族永续发展，必须紧盯不放，抓紧、紧抓。到21世纪中叶，我们要建成一个富强民主文明和谐美丽的社会主义现代化强国，要实现中华民族伟大复兴，这是一项绝无仅有、史无前例、空前伟大的事业。现在全世界发达国家人口总数不到13亿，13亿多人口的中国实现了现代化，就会把这个人口数量提升一倍以上。如果我国现代化建设走美欧走过的老路，消耗资源，污染环境，再有几个地球也不够消耗，那是难以为继的，是走不通的，我们必须要走出一条新的发展道路。

（三）新时代建设美丽中国的新部署

党的十九大报告中对生态文明建设着墨很多，"生态文明"被提及多达12次、"美丽"有8次、"绿色"有15次，且首次提出建设富强民主文明和谐美丽的社会主义现代化强国的目标。人与自然是生命共同体，人类必须尊重自然、顺应自然、保护自然。要建设的现代化是人与自然和谐共生的现代化。党的十八大确立了统筹推进我国现代化建设"五位一体"总体布局，首次把"美丽中国"作为生态文明建设的宏伟目标。过去5年来，党中央按照统筹推进"五位一体"总体布局的要求，把生态文明建设放在突出地位，融入经济建设、政治建设、文化建设、社会建设各方面和全过程，推进美丽中国建设。2013年7月，习近平总书记强调，"走向生态文明新时代，建设美丽中国，是实现中华民族伟大复兴的中国梦的重要内容"，首次将美丽中国表述为中国梦的内容。在过去几年，生态文明的理念深入人心，建设美丽中国已成为全面共识。党的十九大提出的新时代坚持和发展中国特色社会主义的基本方略中，强调坚持人与自然和谐共生，坚定走生产发展、生活富裕、生态良好的文明发展道路。在实现第二个百年目标的两个阶段安排中，对生态文明建设提出了明确要求，即2035年中国基本实现现代化时，我国生态环境实现根本好转，美丽中国目标基本实现。在21世纪中叶建成富强民主文明和谐美丽的社会主义现代化强国。到那时中国将是一个经济发达、政治昌明、文化繁荣、社会和谐、生态良好的社会主义强国。

党的十九大报告从四个方面提出了今后五年建设美丽中国的重点任务，完成好这些任务，我国生态文明建设将再上一个新台阶。

1. 推进绿色发展

加快建立绿色生产和消费的法律制度和政策导向，建立健全绿色低碳循环发展的经济体系，就是要从源头上推动经济实现绿色转型，减少资源消耗、减少污染排放、减少生态破坏。构建市场导向的绿色技术创新体系，就是要在创新驱动发展中，面向市场需求促进绿色技术的研发、转化、推广，用绿色技术改造形成绿色经济。发展绿色金融，就是要积极发展绿色信贷、绿色债券、绿色基金等，推进金融更好地服务于实体经济的绿色转型。壮大节能环保产业、清洁生产产业、清洁能源产业，就是要在这些绿色产业培育形成更多市场主体和新的增长点。推进能源生产和消费革命，就是要紧跟世界能源技术进步和产业变革新趋势，构建清洁低碳、安全高效的能源体系。推进资源全面节约和循环利用，就是要坚持节约资源的基本国策，推进节能、节水、节地、节材、节矿，节约一切自然资源。实施国家节水行动，就是要把节水提升到国家战略层面，大幅度减少水资源消耗，扭转水资源短缺的困局。实现生产系统和生活系统循环链接，就是要打通生产与消费环节，更好地推进循环经济发展。倡导简约适度、绿色低碳的生活方式，就是要使绿色消费成为每一个公民的责任，从自身做起，从自己的每一个行为做起，自觉为美丽中国建设作贡献。

2. 着力解决突出环境问题

党的十九大报告紧盯环境保护重点领域、关键问题和薄弱环节，提出加强大气、水、土壤等污染治理的重点任务和举措。要坚持全民共治、源头防治，加快构建科学适度有序的国土空间布局体系、绿色循环低碳发展的产业体系、激励和约束并举的生态文明制度体系、政府企业公众共治的绿色行动体系，着力解决人民群众反映强烈的突出环境问题。坚持全民共治，源头防治，这是防治污染、治理环境的基本方针。要继续做好大气污染防治、水污染防治、土壤污染管控和修复三项工作，努力完成既定目标任务。加强农业面源污染防治，开展农村人居环境整治行动，就是要针对农业农村污染防治相对薄弱的问题，坚持城乡环境治理并重，加大对农业面源污染防治的工作力度和资金投入，发展绿色农业、建设美丽乡村。提高污染排放标准，强化排污者责任，健全环保信用评价、信息强制性披露、严惩重罚等制度，就是要改革这些领域的体制机制，加快污染防治基础制度建设，尽快补上制度漏洞。构建政府为主导、企业为主体、社会组织和公众共同参与的环境治理体系，就是要明确环境治理中各主体的责任义务，政府履行主导职责，企业承担主体责任，社会组织和公众发挥参与和监督作用。积极参与环境治理，就是要坚持共同但有区别的责任原则、公平原则、各自能力原则，积极参与应对气候变化国际合作，落实减排承诺，为全球环境治理作出贡献。

（1）打赢蓝天保卫战。大气污染，表现在天上，根子在地上。究其主要原因还是产业结构、能源结构、交通结构和生活方式等方面出了问题。大气污染防治行动计划实施以来，我国大气污染治理工作力度和措施强度前所未有，大气环境质量在全国范围和平均水平上总体向好，但某些特征污染物和部分时段、部分地区恶化，尤其是北方地区冬季重污染天气多发，对人民群众生产生活造成较大影响。要持续实施大气污染防治行动，推进供给侧结构性改革，严格执行环保等标准，着力推动"散乱污"企业整治、重点行业污染源治理，加快不达标产能依法关停退出；突出抓好北方地区清洁供暖，推动煤炭等化石能源清洁高效利用，实施煤改气、煤改电工程，减少重点区域煤炭消费；加强机动车尾气治理，提高铁路货运量，降低公路货运量。深化重点区域大气污染联防联控，有效应对重污染天气，让群众享有更多蓝天白云。

（2）加快水污染防治。水污染直接关系人们每天的生活，直接关系百姓健康。当前我国大江大河干流水质稳步改善，但部分重点流域的支流污染严重，重点湖库和部分海域富营养化问题突出，城市黑臭水体大量存在，饮用水安全保障有待加强。要系统推进水环境治理、水生态修复、水资源管理和水灾害防治，抓好重点流域、近岸海域污染防治，大力整治不达标水体、黑臭水体和纳污坑塘，严格保护良好水体和饮用水水源，加强地下水污染综合防治，为人民群众提供更多的亲水环境。实施流域环境综合治理和管理。流域是一个由山水林田湖草等构成的生命共同体，要将流域作为管理单元，统筹上下游、左右岸、陆地水域，进行系统保护、宏观管控、综合治理。推进按流域设置环境监管和行政执法机构试点，调整现行以行政区为主的管理体制，增强流域环境监管和行政执法的独立性、统一性、有效性、权威性。加强近岸海域污染治理。按照"从山顶到海洋""海陆一盘棋"的理念，坚持河海兼顾、区域联动，开展入海河流综合整治，加强沿海城市污染源治理，清理非法或设置不合理入海排污口，逐步减少陆源污染排放。严格控制围填海和占用自然岸线的开发建设活动，推进海洋生态整治修复，增强污染防治和生态保护的系统性、协同性。

（3）强化土壤污染管控和修复。我国土壤污染总体状况不容乐观。农用地土壤环境质量堪忧，工矿企业及其周边土壤环境问题突出，污染地块和农用地环境风险日益凸显。土壤污染与大气、水污染不同，加强监测监控、做好风险管控是第一位的。要以农用地和重点行业企业用地为重点，开展土壤污染状况详查。加强固体废弃物和垃圾处置，加快建立生活垃圾分类处理系统，提高危险废物处置水平，夯实化学品风险防控基础，防止污染土壤和地下水。实施农用地土壤环境分类管理和建设用地准入管理，开展土壤污染治理与修复，保障农产品质量和人居环境安全。

（4）强化排污者责任。强化排污者环保责任，是改善环境质量的重要举措。一是要提高污染排放标准。二是要健全环保信用评价制度。三是要健全信息强制性披露制度。四是要健全严惩重罚制度。

（5）积极参与全球环境治理。我国已批准加入30多项与生态环境有关的多边公约或议定书，引导应对气候变化国际合作，在全球环境治理中的引领作用日益凸显。要积极参与全球环境治理规则构建，承担并履行好同发展中大国相适应的国际责任。加强与世界各国在环境治理领域的对话交流与务实合作，引进先进技术装备和管理经验。推进绿色"一带一路"建设，加强与"一带一路"沿线地区和国家的环保合作。坚持减缓与适应并重，主动控制碳排放，落实减排承诺，到 2030 年左右并争取尽早达到二氧化碳排放峰值，为全球生态安全作出贡献。

3. 加大生态系统保护力度

实施重要生态系统保护和修复重大工程，就是要在国家重点生态功能区构筑生态安全战略格局。完成生态保护红线、永久基本农田、城镇开发边界三条控制线划定工作，就是要通过规划体制改革，建立全国统一的空间规划体系，从国家、省、市县三个层级划定三条控制线，明确城镇空间、农业空间、生态空间，为各类开发建设活动提供依据。开展国土绿化行动，就是要针对我国缺林少绿的国情，集中连片建设森林，并持之以恒地推进荒漠化、石漠化、水土流失综合治理，强化湿地保护和恢复，加强地质灾害防治，为国土增添绿装。完善天然林保护制度，就是要在停止天然林采伐基础上，完善相关政策，使这项制度可持续。扩大退耕还林还草，就是要在 25 度以上坡耕地、严重沙化耕地、重要水源地等恢复这类国土的生态功能。严格保护耕地，扩大轮作休耕制度试点，就是要在坚持最严格的耕地保护制度基础上，针对耕地退化问题，抓住粮食高产量、高库存的有利时机，通过轮作休耕等使超载的耕地休养生息。建立市场化、多元化生态补偿机制，就是要建立政府主导、企业和社会各界参与、市场化运作、可持续的生态补偿机制。

4. 改革生态环境监管体制

设立国有自然资源资产管理和自然生态监管机构，完善生态环境管理制度，就是要改革目前资源和生态环境领域"九龙治水"的管理体制，推进资源和生态环境保护领域国家治理体系和治理能力现代化。要建立健全职责明晰、分工合理的环境保护责任体系，持续开展环境保护督察，探索编制自然资源资产负债表，实行领导干部自然资源资产离任审计，严格执行生态环境损害责任终身追究制，落实环境保护"党政同责""一岗双责"。建立覆盖所有固定污染源的控制污染物排放许可制，健全生态环境损害赔偿制度，加快环境治理市场主体培育，落实企业环境治理主体责任。构建国土空间开发保护制度，建立健全以法律为依据、以空间规划为基础、以用途管制和市场化机制为重要手段的制度体系。完善主体功能区配套政策，就是要按照主体功能区规划，完善相关的财政、投资、产业、土地、人口、环境等政策，保障主体功能区制度有效落实。建立以国家公园为主体的自然保护地体系，就是要整合目前分头设置的自然保护区、风景名胜区、森林公园、地质公园等，形成中国特色的自然保护地体系。坚决制止和惩处破坏生态环境行为，就是要对破坏生态环境的行为，严厉打击、严罚重惩，形成不敢且不能破坏生态环境的高压态势和社会氛围。引导环境保护领域社会组织健康有序发展，倡导文明、节约、绿色的消费方式和生活习惯，把公民环境意识转化为保护环境的意愿和行动，让每个人都成为保护环境的参与者、建设者、监督者。

总之，要深入贯彻党的十九大精神，推进生态文明体制改革总体方案的落实，把十八大以来中央深改组决定的关于生态文明体制重大改革推向纵深，把各次全会提出的生态文明体制改革任务全面落实，在已确立的生态文明体制"四梁八柱"上添砖加瓦，完善制度体系。在实现路径上，既要发挥政府整体规划、监管的作用，还要加强政府问责并利用市场机制，为生态文明建设的各类主体提供适当激励，更要提高全社会生态文明的意识，推动实现生态环境的全民共治。在工作重点上，要划定红线，实施严格的环境监管，实施重要生态系统保护和修复重大工程，使被污染的土地得到整治，被破坏的生态得到恢复。在组织体系上，要加快推进生态环境监管体制改革，设立国有自然资源资产管理和自然生态监管机构，统一行使全民所有自然资源资产的所有者职责，把属于全体人民的国家自然资源资产使用好、保护好。这类新机构必须秉承依法、公开、专业、程序化、可问责的原则，对自然资源资产实施有效管理，对生态环境实施有效监管。生态环境监管体制改革，是我国国家治理体系和治理能力现代化的重要内容，是扎实推进生态文明建设的制度保障。

　　生态文明建设任重道远，把生态文明建设融入经济建设、政治建设、文化建设、社会建设各方面和全过程，形成节约资源、保护环境的空间格局、产业结构、生产方式、生活方式，为子孙后代留下天蓝、地绿、水清的生产生活环境。要坚定推进绿色发展，推动自然资本大量增值，让良好生态环境成为人民生活的增长点、成为展现我国良好形象的发力点，让老百姓呼吸上新鲜的空气、喝上干净的水、吃上放心的食物、生活在宜居的环境中、切实感受到经济发展带来的实实在在的环境效益，让中华大地天更蓝、山更绿、水更清、环境更优美，走向生态文明新时代。

十二、新要求：新时代坚定不移全面从严治党

习近平总书记在党的十九大报告中强调："打铁必须自身硬。党要团结带领人民进行伟大斗争、推进伟大事业、实现伟大梦想，必须毫不动摇坚持和完善党的领导，毫不动摇把党建设得更加坚强有力。"治国必先治党，治党务必从严。如果管党不力、治党不严，人民群众反映强烈的党内突出问题得不到解决，那我们党迟早会失去执政资格，不可避免被历史淘汰。中国特色社会主义进入新时代，我们党一定要有新气象新作为，所以必须继续坚持党要管党，从严治党，把严的要求贯彻全过程，做到真管真严、敢管敢严、长管长严，为全面建成小康社会和社会主义现代化建设提供坚强的领导核心。

（一）从严治党是中国共产党的一贯坚持

回顾历史，从严治党一直是我们党的优良传统和宝贵经验。我们党之所以能够从成立时仅有 50 多名党员、处在秘密状态的党，发展成为拥有 8900 多万名党员、450 多万个党组织、在 13 亿多人口的大国长期执政的党，一个重要原因，就在于我们党始终坚持党要管党、从严治党。

中国共产党在民主革命时期就注重"从严"要求党员，自创建之日起，就坚持把马列主义的无产阶级政党的组织原则和纪律原则同中国实际相结合，确立了从严治党的基本方针，在党的历次代表大会和党章修改中都体现出了"严"的思想。党的一大确定了严格的入党条件和组织纪律。会议通过的《中国共产党纲领》，贯穿着从严建党的思想，如要求党员"保守秘密"，"地方执行委员会必须接受中央执行委员会的监督"等。党的一大《中国共产党纲领》只有 15 条，但涉及纪律规定的至少有 6 条，占有相当大的比重。党的二大通过的《中国共产党章程》，专设"纪律"

一章，主要规定党员个人和组织以及组织之间的关系，还制定了具体的党员纪律处分细则，对党员的违纪处理作出了明确规定。党的二大通过的《关于共产党的组织章程决议案》提出"党员的言论行动必须与党保持一致"的重要政治原则，奠定了党的政治纪律的基础。党的三大通过的《中国共产党第一次修正章程》，强化组织纪律、完善入党手续，增加了新党员的候补期规定（劳动者3个月，非劳动者6个月），并首次规定了"党员自请出党"（自愿退党）的规定，旨在增强党员自律意识。党的四大在修改党章时，对党组织和党员的纪律作出更具体的规定，对基层党组织进行规范，按照"严进严管"的精神细化了候补党员的权利、义务，反映出我们党对组织建设和党员日常监管的重视。

随着国共合作后革命形势迅速发展，党员队伍迅速发展壮大，一些不良分子乘机混入党内，导致党员队伍质量下降和贪污腐败现象滋生。为此，党中央于1926年8月4日发出《坚决清洗贪污腐化分子》的通告，要求把不良分子"务须不容情地洗刷出党"，这是中国共产党最早发出的反对腐化的专门文件，也是党维护党章和党纪权威性、严肃性的重要举措。

大革命失败前后，党的各项工作都陷入了极其困难的境况，因此党更加注意纪律建设。1927年4月至5月召开的党的五大没有专门讨论修改党章的问题，但是五大闭幕后不久，中共中央政治局于6月1日通过了《中国共产党第三次修正章程决议案》，第一次把"守纪律"作为党员和支部的基本义务加以强调，还根据党的五大设立中央监察委员会的决定，专设"监察委员会"一章，作出相关具体规定。六大党章强调"严格的遵守党纪为所有党员及各级党部之最高责任"，并将"党部执行纪律的方法"分为对团体和个人两种情况，但规定纪律检查工作则由党员大会和各级党部承担，不再设立单独的纪律检查机关。

在革命根据地艰苦的生存环境中，以毛泽东同志为代表的中国共产党人一方面坚持游击战争和根据地建设，另一方面积极探索从严治党、加强党的建设。1928年3月间，毛泽东率领秋收起义部队到达湖南省桂东县沙田村时，向全体官兵宣布"三大纪律、六项注意"，以后发展为"三大纪律、八项注意"，从而奠定了中国工农红军统一纪律的基础。"三大纪律、八项注意"不仅是人民解放军的纪律，也是每一个中国共产党党员要遵守的重要纪律，是我们党坚持从严治党、从严治军的重要举措。1929年12月召开的古田会议提出了从思想上建党的理论，同时强调进行组织建设，解决了在斗争环境下如何建立无产阶级政党的问题。

抗日战争时期，面对新形势和新任务，党继续坚持从严治党，最突出的就是进行了延安整风运动。延安整风是党的历史上一次全党范围的普遍的马克思主义教育运动，贯穿其中的主线就是从严治党。延安整风历时三年，给全党来了一次思想大解放，确立了毛泽东思想在党内的指导地位，创立一套以"惩前毖后，治病救人"为代表的解决党内矛盾的新方法。在延安整风期间，中共中央政治局于1941年7月1日通过了《关于增强党性的决定》，要求全体党员，尤其是党员干部，更加增强自己的党性锻炼。自此以后，增强党性锻炼成为党的建设的重要内容。

抗日战争胜利前夕召开的党的七大是党在民主革命时期最重要的一次党代会。大会确立毛泽东思想为党的指导思想并写入党章。七大党章首次设立总纲，指出"中国共产党是按民主的集中制组织起来的，是以自觉的、一切党员都要履行的纪律联结起来的统一的战斗组织"，并且确立了纪律建设"惩前毖后、治病救人"的正确方针，阐明了党纪是党的性质的构成要素，党必须通过严肃党纪维护党的纯洁性。七大党章还特别强调了党的组织原则和组织纪律，首次提出了"四个服从"的内容。七大关于纪律的规定充分反映了我党坚持从严治党的态度，并被后来的历次党章所继承。

随着解放战争不断走向胜利，党在局部执政和即将全面执政的情况下，非常重视对将要走上服务岗位的党员干部进行思想改造和教育。1949年3月，党在西柏坡召开七届二中全会，在从严治党方面作出了许多重要决定。毛泽东在会上提出党内不做寿、不送礼、少敬酒、少拍掌、不以领导人的名字作地名、不把中国同志同马恩列斯平列；强调胜利了的共产党人要警惕"糖衣炮弹"的攻击，提出著名的两个"务必"，把进北京看成是"进京赶考"，并表示决不做李自成，表明了即将成为全国执政党的共产党为捍卫自己性质的纯洁性和实现远大目标的决心。

新中国的成立，标志着中国共产党开始成为在全国范围掌权的执政党。能否保持党的队伍的纯洁性，避免犯各种错误，是党面临的重大考验。因此，从严治党更是成为加强党的建设的题中之义。1950 年 5 月1 日，中共中央发出指示，决定在全党进行一次大规模的整风运动。从1951 年 2 月起，中共中央又决定用 3 年左右时间进行整党，普遍进行一次怎样做一个共产党员的教育。通过整风与整党，党员的政治素质得到提高，党组织的纯洁性和党的战斗力得到增强。为了使全党，尤其是党员干部更好地接受监督，在新中国成立后，党和政府初步建立了一些监督制度。首先，成立中央和地方各级党的纪律检查委员会，并在《共同纲领》中规定在县市以上各级政府设人民监察机关，以监督各级国家机关和公务人员履行其职责。到20世纪50年代中期，国家初步形成了以国家监察机关的监督检查为主、并同国家经济管理职能部门的监督检查相互配合的监督体系。其次，在党内外实行民主集中制；逐步健全人民代表大会制度；各级党政机关设置了信访机构。第三，确立了与民主党派长期共存，互相监督的方针。第四，发挥新闻的监督作用。各项监督制度的建立，对反腐倡廉起到了一定的积极作用。

1956 年党的八大在党的建设方面提出了一系列新的结论，八大党章对贯彻党的民主集中制的根本原则作出了许多新规定，针对党处于执政党地位的情况，强调"必须不断地发扬党的工作中的群众路线的传统"；确立了延续至今的纪律处分体系：警告、严重警告、撤销党内职务、留党察看和开除党籍；对党的执纪机构作出新规定，纪律检查机关双重领导体制得到确认。但是，党的八大这些规定并没有得到真正的贯彻执行，随着 1957 年反右派斗争扩大化特别是"文革"的发动，党的各项工作都陷入瘫痪。

党的十一届三中全会以后，面对新形势新任务，中国共产党深刻总结了新中国成立以来治党治国的经验教训，提出了新形势下从严治党的一系列重要思想和举措。1979年1月，按照党的十一届三中全会的决定，成立了以陈云为首的中央纪律检查委员会，任务是维护党规党法，切实搞好党风。1980年，中共十一届五中全会通过《关于党内政治生活的若干准则》，具体规范了党内政治关系，将党内民主贯穿于党内政治生活，对各个组织和全体党员的行为作出12条基本规定。《准则》的颁布施行，对于发展党内民主、恢复和发扬党的优良传统、维护党的政治生活的纯洁性、推动党内生活正常化、保障从严治党具有重要的现实意义。

1981年6月，党的十一届六中全会作出了《关于建国以来党的若干历史问题的决议》，强调要把党内民主和国家政治社会生活的民主加以制度化、法律化。从此，我们国家的法制建设、党的制度建设进入了一个新的历史阶段。

1982年党的十二大通过了新的《中国共产党章程》，这部党章是我们现行党章的基础。它适应改革开放和社会主义现代化建设的需要，对坚持从严治党、加强党的建设、党的民主集中制和各项组织制度、党的纪律作了更充分、更具体的规定。

1985年11月24日，中共中央整党工作委员会发出《关于农村整党工作部署的通知》，提出"要从严治党，坚决反对那种讲面子不讲真理，讲人情不讲原则，讲派性不惜牺牲党性的腐朽作风"。这是中央文件中首次明确提出"从严治党"。

1992年10月，党的十四大强调，要坚持党要管党和从严治党。党的十四大通过的《中国共产党章程（修正案）》明确提出党的建设必须"坚持从严治党"。"从严治党"写进党章，这标志着我们党正式将其作为管党治党的总遵循和根本原则。

1997年9月，党的十五大提出了从严治党五个方面的要求，即要严格按党章办事，按党的制度和规定办事；要对党员特别是领导干部严格要求，严格管理，严格监督；要在党内生活中讲党性，讲原则，开展积极的思想斗争，弘扬正气，反对歪风；要严格按照党章规定的标准发展党员，严肃处理不合格党员；要严格执行党的纪律，坚持在纪律面前人人平等。

2002 年，党的十六大报告中提出，一定要坚持党要管党、从严治党的方针，进一步解决提高党的领导水平和执政水平、提高拒腐防变和抵御风险能力这两大历史性课题。2003 年，中共中央印发《中国共产党党内监督条例（试行）》，这是中国共产党第一次在党内法规层面对党内监督作出制度化规范。

2007 年 10 月，党的十七大提出要以改革创新精神全面推进党的建设新的伟大工程，把党的执政能力建设和先进性建设作为主线，坚持党要管党、从严治党，贯彻为民、务实、清廉的要求，使党始终成为立党为公、执政为民，求真务实、改革创新，艰苦奋斗、清正廉洁，富有活力、团结和谐的马克思主义执政党，将从严治党提升到新高度。

（二）党的十八大以来全面从严治党取得历史性成就

党的十八大以来，随着全党对从严治党严峻形势的深刻认识，党中央相继出台了涉及党的建设各个方面的具体的硬性规定，并在落实上严格执行，特别是以党风廉政建设为突破口，从严整顿作风、从严高压反腐，从严治党收到了明显效果。

1. 加强从严治党思想理论建设

党的十八大以来，习近平总书记在不同场合多次阐述从严治党思想，提出了全面从严治党的新战略。2012 年 11 月 15 日，刚当选为总书记的习近平在新一届常委见面会上就讲到，当前要坚持党要管党、从严治党，切实解决自身存在的突出问题。2013 年的全国组织工作会议上，他再次强调："党要管党，首先是管好干部；从严治党，关键是从严吏。""严肃的党内生活，是解决党内自身问题的重要途径。"2014年10月，在党的群众路线教育实践活动总结大会上的讲话中，习近平总书记就新形势下坚持从严治党提出了八项要求：落实从严治党责任；坚持思想建党和制度治党紧密结合；严肃党内政治生活；坚持从严管理干部；持续深入改进作风；严明党的纪律；发挥人民监督作用；深入把握从严治党规律。这八个方面的要求充分体现了从严治党的全面性、经常性，实现了由从严治党的总要求到对党的建设各个方面、各个环节的具体全面硬约束的新突破，是在新的历史条件下全面从严治党新常态的重要标志。在十八大以来的几年探索基础上，2014年12月，习近平总书记第一次提出了四个全面战略布局，将从严治党提升到新高度。

2. 开展理想信念教育，补充共产党人思想与精神之"钙"

理想信念是共产党人的政治灵魂，是共产党人经受住任何考验的精神支柱。习近平总书记反复强调，理想信念是共产党人精神上的"钙"，精神上"缺钙"就会得"软骨病"。针对理想信念存在的问题，党校、行政学院和干部学院把理想信念教育列入教学培训的重要内容，作为干部参加学习培训的必修课；注重用好红色教育资源，采取现场教学、行为体验、研讨交流等多种方式，增强理想信念教育的感染力；发挥正反典型的教育警示作用，结合群众路线教育实践活动和"三严三实"专题教育，编印了《风范——老一辈革命家"三严三实"事例选》《优秀领导干部先进事迹选编》《领导干部违纪违法典型案例警示录》等学习材料，引导党员干部以先辈先进为标杆见贤思齐，以反面典型为镜子，增强理想信念教育的针对性。

3. 全面从严治党推动党风明显好

十八大以来，中央聚焦解决形式主义、官僚主义、享乐主义和奢靡之风等"四风"问题，狠抓作风建设。2012年12月，中央政治局召开会议审议通过中央政治局关于改进工作作风、密切联系群众的八项规定，开始了党的作风建设的新实践。2013年6月至2014年10月开展了以为民务实清廉为主题，以反对"四风"为聚焦点，以"照镜子、正衣冠、洗洗澡、治治病"为总要求的群众路线教育实践活动，对党内多年来存在的思想之尘、作风之弊、行为之垢进行了一次大排查大检修大扫除。据统计，教育实践活动期间，各地区各部门压缩会议 24.6%、文件 26.7%、评比达标表彰活动 31.2%，清退超标超配公车 11.4 万辆，调整多占办公用房 2200 多万平方米，压缩"三公"经费 27.5%、达 530.2 亿元，查处公款送礼、公款吃喝 3000 多起，清理违规会所 500 多家，排查整治奢华浪费建设 146 个。党的作风建设取得重大成果。2015 年 4 月在县处级以上干部中开展"三严三实"专题教育，对党员干部尤其是领导干部在思想、作风与党性上又一次集中"补钙"和"加油"，进一步推动了全面从严治党，强化了各级领导干部的模范与标杆作用。这些举措取得了阶段性进展，从严治党落到实处，得到了广大干部群众的广泛赞誉和衷心拥护。

4. 坚持反腐败高压态势，坚决同腐败现象作斗争

坚决反腐败是全面从严治党的重要举措，是我们党一贯坚持的鲜明政治立场。十八大以来党中央坚持有腐必反、有贪必肃，"打虎""拍蝇""猎狐"，严肃处理了一批严重腐败问题，彰显了我们党反对腐败的坚定决心和坚强意志。据统计，十八大以来，经党中央批准立案审查的省军级以上党员干部及其他中管干部 440 人。其中，十八届中央委员、候补委员 43 人，中央纪委委员 9 人。全国纪检监察机关共接受信访举报 1218.6 万件（次），处置问题线索 267.4 万件，立案 154.5 万件，处分 153.7 万人，其中厅局级干部 8900 余人，县处级干部 6.3 万人，涉嫌犯罪被移送司法机关处理 5.8 万人。同时充分发挥巡视"利剑"作用，对腐败现象起到了有效震慑、遏制作用。党的十八大以来中央巡视工作领导小组召开 115 次会议，组织开展 12 轮巡视，共巡视 277 个党组织，完成对省区市、中央和国家机关、中管企事业单位和金融机构、中管高校等的巡视，在党的历史上首次实现一届任期内巡视全覆盖；对 16 个省区市开展巡视"回头看"，对 4 个中央单位进行"机动式"巡视。中央纪委审查

的案件中，超过 60% 的线索来自巡视。巡视的力度和效果不断增强，利剑作用彰显，为全面从严治党提供了有力的支撑。党的十八大以来的反腐败斗争，极大地提振了全党的信心，赢得了人民群众的信任和拥护。

5. 加强党内法规制度建设，用制度落实全面从严治党

十八大以来中央根据全面从严治党需要，新制定或修订了一大批党内法规，加快党内法规制度体系建设步伐，把权力关进制度的笼子。党的十八大之后不久，党中央从战略高度出发，提出党内法规建设的目标——到建党 100 周年时，建成内容科学、程序严密、配套完备、运行有效的党内法规制度体系。为完成这个目标，党中央先后修订党内法规制定条例，制定出台党内法规备案和解释两个规定，编制实施中央党内法规制定工作第一个五年规划纲要，开展了党的历史上第一次党内法规清理。根据全面从严治党需要，中央制定出台 40 余部重要的党内法规。值得注意的是，党中央在推动制度建设过程中，始终坚持党规党纪严于国家法律，把党内法规同国家法律有机衔接起来，确保把党纪党规挺在前头，确保党在宪法和法律范围内活动，确保党内法规制度体系与中国特色社会主义法律体系内在统一。同时，高度重视制度的执行力，使制度治党、依规管党落到实处。党的十八大以来，党中央反复要求贯彻执行法规制度关键在真抓，靠的是严管。加强反腐倡廉法规制度建设，必须一手抓制定完善，一手抓贯彻执行。党中央明确要求，改革举措由谁主持制定，就由谁督促落实；涉及哪一级、哪个部门的业务，就以谁为主落实，其他部门和单位要协同落实。为了推动改革举措的落实，中央改革办专门成立了督察局，对重点改革文件执行情况进行督察；把党内法规执行纳入党委督察重要内容，建立健全党内法规执行检查常态化机制，确保制度真正成为硬约束，坚决维护制度的严肃性和权威性。

6. 坚持从严监督管理党员干部

党要管党，首先是管好干部；从严治党，关键是从严治吏。党的十八大以来，各级党组织认真贯彻落实党中央关于从严治吏精神，坚持

以严的标准要求干部、以严的措施管理干部、以严的纪律约束干部，制定完善了一套从严监督管理干部的办法。首先是从严日常监督管理，这是从严监督管理党员干部的关键。党的十八大以来，党中央反复强调，要立足于抓早抓小抓预防，积极探索加强干部日常管理的有效办法，把干部管理监督的关口前移，防止小毛病演化成大问题。完善日常管理机制，把行为管理和思想管理、工作圈管理和社交圈管理、组织管理和个人自律结合起来，加强对干部队伍状态的分析研判，综合运用平时考核和纪检监察、巡视、审计、信访举报、个人有关事项报告核查等成果，使干部时刻感到管理就在身边、管理无处不在。其次，针对突出问题进行专项整治。党的十八大以来，党中央积极回应群众反映和关切的突出问题，持续开展一系列专项整治活动。仅 2015 年上半年，有 1790 名拟提拔为副处级以上干部的考察对象，因抽查核实发现问题被取消提拔资格；清理整顿领导干部社会化培训，对参加高收费培训的 3094 名干部督促退学，23 个高收费项目停办；开展干部档案专项审核工作，重点审核是否存在假年龄、假学历、假履历等问题；对换届纪律问题进行专项查核，先后查出南充贿选案、衡阳破坏选举案、辽宁拉票贿选案，其中，仅辽宁拉票贿选案就有 955 人受到查处，包括中管干部 34 人，是新中国成立以来涉案人数最多、性质最恶劣、情节最严重的破坏党内选举制度和人大选举制度的重大案件。再次完善党员监督管理制度，注重把日常管理、重点管理和关键时刻管理贯通起来，把科学定责、加强考核、强化监督等链接起来，先后制定实施了规范党政领导干部在企业兼职（任职）、个人有关事项报告抽查核实、配偶已移居国（境）外的国家工作人员任职岗位管理、领导干部出国（境）管理监督工作等一系列制度规范。这些规范文件从细节上做到了对管理监督对象全覆盖、管理监督过程全覆盖，形成管理全面、标准严格、环节衔接、措施配套、责任分明的管理监督系统，使干部监督管理制度扎得更加紧密。

正如习近平总书记在党的十九大报告中所说，党的十八大以来的五年，"我们勇于面对党面临的重大风险考验和党内存在的突出问题，以顽强意志品质正风肃纪、反腐惩恶，消除了党和国家内部存在的严重隐患，党内政治生活气象更新，党内政治生态明显好转，党的创造力、凝聚力、战斗力显著增强，党的团结统一更加巩固，党群关系明显改善，党在革命性锻造中更加坚强，焕发出新的强大生机活力，为党和国家事业发展提供了坚强政治保证。"

（三）党的十九大对新时代坚持全面从严治党提出新要求

党的十九大报告指出："经过长期努力，中国特色社会主义进入新时代，这是我国发展新的历史方位。"站在新的历史起点上，在总结党的十八大以来全面从严治党经验的基础上，党的十九大指出必须继续坚定不移全面从严治党，不断提高党的执政能力和领导水平，为推进党的建设新的伟大工程指明了方向。

党的十九大报告提出了新时代党的建设总要求：坚持和加强党的全面领导，坚持党要管党、全面从严治党，以加强党的长期执政能力建设、先进性和纯洁性建设为主线，以党的政治建设为统领，以坚定理想信念宗旨为根基，以调动全党积极性、主动性、创造性为着力点，全面推进党的政治建设、思想建设、组织建设、作风建设、纪律建设，把制度建设贯穿其中，深入推进反腐败斗争，不断提高党的建设质量，把党建设成为始终走在时代前列、人民衷心拥护、勇于自我革命、经得起各种风浪考验、朝气蓬勃的马克思主义执政党。

这个总要求是中国共产党继续推动全面从严治党向纵深发展的行动指南，为新时代党的建设提供了根本原则、指导方针、工作主线、总体布局、基本要求和基本目标。它的基本内涵包括以下六个方面：

根本原则：坚持和加强党的全面领导。习近平同志指出，中国特色社会主义最本质的特征是中国共产党领导，中国特色社会主义制度的最大优势是中国共产党领导。党政军民学，东西南北中，党是领导一切的。

中国共产党的领导地位，是历史和人民的选择，办好中国的事情，关键在党。回首过去，正是在党的坚强领导下，我们才取得了新民主主义革命、社会主义建设、改革开放的伟大胜利。展望未来，我们必须继续坚持和加强党的全面领导，充分发挥党总揽全局、协调各方的领导核心作用，不断推动新时代中国特色社会主义事业走向前进。

指导方针：坚持党要管党、全面从严治党。坚持党要管党原则和从严治党方针，是我们党从长期执政党建设实践中得到的重要认识和结论，也是加强和改进新形势下党的建设必须长期坚持的重要指导原则。治国必先治党，治党务必从严。

工作主线：加强党的长期执政能力建设、先进性和纯洁性建设。在新的历史条件下，党始终面临着执政、改革开放、市场经济、外部环境"四大考验"，面临着精神懈怠、能力不足、脱离群众、消极腐败"四大危险"。经受考验、化解危险，党必须要坚持这条工作主线，不断加强长期执政能力建设，提高自身执政水平，时刻保持先进性与纯洁性。唯有如此，才能始终保证中国特色社会主义事业具有坚强的领导核心。

总体布局：以党的政治建设为统领，以坚定理想信念宗旨为根基，以调动全党积极性、主动性、创造性为着力点，全面推进党的政治建设、思想建设、组织建设、作风建设、纪律建设，把制度建设贯穿其中，深入推进反腐败斗争。这个总体布局包含了党的建设方方面面，其中政治建设是根本性建设，思想建设是基础性建设，制度建设要贯穿政治建设、思想建设、组织建设、作风建设和纪律建设全过程。反腐败压倒性态势已形成，但反腐败形势依然严峻复杂，因此还要深入推进反腐败斗争，夺取反腐败压倒性胜利。

基本要求：不断提高党的建设质量。中国共产党一直重视党的建设质量。不断提高党的建设质量，就要加强组织建设，注重专业能力、专业精神，不断提高干部队伍质量，建设高素质专业化队伍；就要加强基层组织建设，着力解决一些基层党组织弱化、虚化、边缘化问题，提高基层党组织的建设质量；就是要建立健全监督体制，组建国家、省、市、县监察委员会，制定国家监察法，构建由党指挥、全面覆盖、权威高效的监督体系，形成监督合力，提升监督质量；就是要全面增强执政本领，提高执政质量，这就要求全党不断增强学习、政治领导、改革创新、科学发展、依法执政、群众工作、狠抓落实、驾驭风险等八个方面的本领。

基本目标：把党建设成为始终走在时代前列、人民衷心拥护、勇于自我革命、经得起各种风浪考验、朝气蓬勃的马克思主义执政党。基本目标集中体现了党的基本性质、根本宗旨、鲜明品格和精神风貌。勇于自我革命是核心要义，管党治党最终目的是为了兴党、建设党，使党自身朝气蓬勃，不断提高党的执政能力和治理水平，引领承载着中国人民伟大梦想的航船破浪前进，胜利驶向光辉的彼岸。

党的十九大提出的新时代党的建设总要求是把党的建设向纵深推进的纲领，也是确保党长期执政的纲领。我们要牢牢记住这个总要求，贯彻落实这个总要求，把全面从严治党向纵深推进。

（四）不忘初心，牢记使命，推动全面从严治党向纵深发展

党的十九大报告指出："全面从严治党永远在路上。一个政党，一个政权，其前途命运取决于人心向背。人民群众反对什么、痛恨什么，我们就要坚决防范和纠正什么。全党要清醒认识到，我们党面临的执政环境是复杂的，影响党的先进性、弱化党的纯洁性的因素也是复杂的，党内存在的思想不纯、组织不纯、作风不纯等突出问题尚未得到根本解决。"因此，在新时代必须继续加强党的建设，坚持问题导向，保持战略定力，推动全面从严治党向纵深发展。

1. 把党的政治建设摆在首位

党的十九大报告指出，旗帜鲜明讲政治是我们党作为马克思主义政党的根本要求。党的政治建设是党的根本性建设，决定党的建设方向和

效果。保证全党服从中央，坚持党中央权威和集中统一领导，是党的政治建设的首要任务。全党要坚定执行党的政治路线，严格遵守政治纪律和政治规矩，在政治立场、政治方向、政治原则、政治道路上同党中央保持高度一致。要尊崇党章，严格执行新形势下党内政治生活若干准则，增强党内政治生活的政治性、时代性、原则性、战斗性，自觉抵制商品交换原则对党内生活的侵蚀，营造风清气正的良好政治生态。完善和落实民主集中制的各项制度，坚持民主基础上的集中和集中指导下的民主相结合，既充分发扬民主，又善于集中统一。弘扬忠诚老实、公道正派、实事求是、清正廉洁等价值观，坚决防止和反对个人主义、分散主义、自由主义、本位主义、好人主义，坚决防止和反对宗派主义、圈子文化、码头文化，坚决反对搞两面派、做两面人。全党同志特别是高级干部要加强党性锻炼，不断提高政治觉悟和政治能力，把对党忠诚、为党分忧、为党尽职、为民造福作为根本政治担当，永葆共产党人政治本色。

2. 用新时代中国特色社会主义思想武装全党

党的十九大报告强调，要把坚定理想信念作为党的思想建设的首要任务。革命理想高于天，理想信念宗旨是指引共产党人前进的火炬和灯塔。坚定对马克思主义的信仰，坚定共产主义远大理想和中国特色社会主义共同理想，才能把好思想"总开关"，经受住各种诱惑和考验。人民是我们党生存发展的土壤，人民对美好生活的向往就是党的奋斗目标。只要牢记根本宗旨，永远保持拳拳赤子之心，人民就会始终选择我们、认同我们、拥护我们。要用习近平新时代中国特色社会主义思想武装全党，推进"两学一做"学习教育常态化制度化，以县处级以上领导干部为重点，在全党开展"不忘初心、牢记使命"主题教育，用党的创新理论武装头脑，永葆共产党人政治本色，推动全党更加自觉地为实现党的历史使命不懈奋斗。

3. 建设高素质专业化干部队伍

党的干部是党和国家事业的中坚力量。要坚持党管干部原则，坚持德才兼备、以德为先，坚持五湖四海、任人唯贤，坚持事业为上、公道正派，把好干部标准落到实处。坚持正确选人用人导向，匡正选人用人风气，突出政治标准，提拔重用牢固树立"四个意识"和"四个自信"、坚决维护党中央权威、全面贯彻执行党的理论和路线方针政策、忠诚干净担当的干部，选优配强各级领导班子。注重培养专业能力、专业精神，增强干部队伍适应新时代中国特色社会主义发展要求的能力。大力发现储备年轻干部，注重在基层一线和困难艰苦的地方培养锻炼年轻干部，源源不断选拔使用经过实践考验的优秀年轻干部。统筹做好培养选拔女干部、少数民族干部和党外干部工作。认真做好离退休干部工作。坚持严管和厚爱结合、激励和约束并重，完善干部考核评价机制，建立激励机制和容错纠错机制，旗帜鲜明为那些敢于担当、踏实做事、不谋私利的干部撑腰鼓劲。各级党组织要关心爱护基层干部，主动为他们排忧解难。

人才是实现民族振兴、赢得国际竞争主动的战略资源。要坚持党管人才原则，聚天下英才而用之，加快建设人才强国。实行更加积极、更加开放、更加有效的人才政策，以识才的慧眼、爱才的诚意、用才的胆识、容才的雅量、聚才的良方，把党内和党外、国内和国外各方面优秀人才集聚到党和人民的伟大奋斗中来，鼓励引导人才向边远贫困地区、边疆民族地区、革命老区和基层一线流动，努力形成人人渴望成才、人人努力成才、人人皆可成才、人人尽展其才的良好局面，让各类人才的创造活力竞相迸发、聪明才智充分涌流。

4. 加强基层组织建设

党的基层组织是确保党的路线方针政策和决策部署贯彻落实的基础。要以提升组织力为重点，突出政治功能，把企业、农村、机关、学校、科研院所、街道社区、社会组织等基层党组织建设成为宣传党的主张、贯彻党的决定、领导基层治理、团结动员群众、推动改革发展的坚强战斗堡垒。党支部要担负好直接教育党员、管理党员、监督党员和组织群众、宣传群众、凝聚群众、服务群众的职责，引导广大党员发挥先锋模范作用。坚持"三会一课"制度，推进党的基层组织设置和活动方式创新，加强基层党组织带头人队伍建设，扩大基层党组织覆盖面，着力解决一些基层党组织弱化、虚化、边缘化问题。扩大党内基层民主，推进党务公开，畅通党员参与党内事务、监督党的组织和干部、向上级党组织提出意见和建议的渠道。注重从产业工人、青年农民、高知识群体中和在非公有制经济组织、社会组织中发展党员。加强党内激励关怀帮扶。增强党员教育管理针对性和有效性，稳妥有序开展不合格党员组织处置工作。

5. 持之以恒正风肃纪

我们党来自人民、植根人民、服务人民，一旦脱离群众，就会失去生命力。加强作风建设，必须紧紧围绕保持党同人民群众的血肉联系，增强群众观念和群众感情，不断厚植党执政的群众基础。凡是群众反映强烈的问题都要严肃认真对待，凡是损害群众利益的行为都要坚决纠正。坚持以上率下，巩固拓展落实中央八项规定精神成果，继续整治"四风"问题，坚决反对特权思想和特权现象。重点强化政治纪律和组织纪律，带动廉洁纪律、群众纪律、工作纪律、生活纪律严起来。坚持开展批评和自我批评，坚持惩前毖后、治病救人，运用监督执纪"四种形态"，抓早抓小、防微杜渐。赋予有干部管理权限的党组相应纪律处分权限，强化监督执纪问责。加强纪律教育，强化纪律执行，让党员、干部知敬畏、存戒惧、守底线，习惯在受监督和约束的环境中工作生活。

6. 夺取反腐败斗争压倒性胜利

反腐败斗争严峻复杂的形势没有变，党中央巩固压倒性态势、赢得压倒性胜利的决心坚如磐石。一个时期以来，领导干部被"围猎"和甘于"被围猎"的问题突出，有的国有企业领导人员为了个人仕途升迁搞利益输送；有的民营企业主在掌握经济权力后，谋求政治上的权力，"围猎"

腐蚀党员领导干部，搞权钱交易，形成利益集团。要坚持无禁区、全覆盖、零容忍，坚持重遏制、强高压、长震慑，重点查处政治腐败和经济腐败相互交织的案件，不收敛不收手、群众反映强烈的领导干部，重点领域、关键环节的腐败问题。严厉整治群众身边的腐败，对胆敢向扶贫民生款物伸手的决不手软。推进反腐败国际追逃追赃，堵死腐败分子外逃之路。要坚决贯彻党中央决策部署，推进国家监察体制改革这一重大政治体制改革，抓紧将试点工作在全国推开，制定国家监察法，组建国家、省、市、县监察委员会，同党的纪律检查机关合署办公，加强党对反腐败工作的统一领导，实现对所有行使公权力的公职人员监察全覆盖。深化标本兼治，强化不敢腐的威慑，扎牢不能腐的笼子，增强不想腐的自觉，以反腐败永远在路上的坚韧和执着，确保党和国家的长治久安。

7. 健全党和国家监督体系

增强党自我净化能力，根本靠强化党的自我监督和群众监督。要加强对权力运行的制约和监督，让人民监督权力，让权力在阳光下运行，把权力关进制度的笼子。强化自上而下的组织监督，改进自下而上的民主监督，发挥同级相互监督作用，加强对党员领导干部的日常管理监督。深化政治巡视，坚持发现问题、形成震慑不动摇，建立巡视巡察上下联动的监督网。深化国家监察体制改革，将试点工作在全国推开，组建国家、省、市、县监察委员会，同党的纪律检查机关合署办公，实现对所有行使公权力的公职人员监察全覆盖。制定国家监察法，依法赋予监察委员会职责权限和调查手段，用留置取代"两规"措施。改革审计管理体制，完善统计体制。构建党统一指挥、全面覆盖、权威高效的监督体系，把党内监督同国家机关监督、民主监督、司法监督、群众监督、舆论监督贯通起来，增强监督合力。

8. 全面增强执政本领

领导十三亿多人的社会主义大国，我们党既要政治过硬，也要本领高强。要增强学习本领，在全党营造善于学习、勇于实践的浓厚氛围，建设马克思主义学习型政党，推动建设学习大国。增强政治领导本领，坚持战略思维、创新思维、辩证思维、法治思维、底线思维，科学制定和坚决执行党的路线方针政策，把党总揽全局、协调各方落到实处。增强改革创新本领，保持锐意进取的精神风貌，善于结合实际创造性推动工作，善于运用互联网技术和信息化手段开展工作。增强科学发展本领，善于贯彻新发展理念，不断开创发展新局面。增强依法执政本领，加快形成覆盖党的领导和党的建设各方面的党内法规制度体系，加强和改善对国家政权机关的领导。增强群众工作本领，创新群众工作体制机制和方式方法，推动工会、共青团、妇联等群团组织增强政治性、先进性、群众性，发挥联系群众的桥梁纽带作用，组织动员广大人民群众坚定不移跟党走。增强狠抓落实本领，坚持说实话、谋实事、出实招、求实效，把雷厉风行和久久为功有机结合起来，勇于攻坚克难，以钉钉子精神做实做细做好各项工作。增强驾驭风险本领，健全各方面风险防控机制，善于处理各种复杂矛盾，勇于战胜前进道路上的各种艰难险阻，牢牢把握工作主动权。

后 记

认真学习宣传和全面贯彻落实党的十九大精神，认真学习贯彻习近平新时代中国特色社会主义思想，是当前和今后一个时期全党首要的政治任务。为帮助广大党员干部深刻领会和准确把握十九大精神，尤其是习近平总书记所作的大会报告精神，笔者从历史、理论与实践的视角，以通俗的语言与逻辑说理，精心编写了《新时代行动纲领》一书。

本书编写过程中，笔者参阅、引用了有关文献资料和重要文章，在此不能一一列举，敬请谅解。

中国言实出版社的领导和编辑同志为本书编辑出版付出了辛勤劳动，做了大量卓有成效的工作，借此机会对他们表示由衷的感谢。

作 者

2017 年 11 月